低調腐女的高調告解

我眼中的腐女

小鳥茵 · 專文推薦

1. 氣場很強。

友人送了特地從日本帶回來的戀愛御守，那是一黑一白代表一男一女的兩個小罐子。跟我一樣沒有男友的腐女 A 卻用一種堅定不能移的強硬口吻對我說：「妳黑色那瓶給我，我需要兩個黑的，要給流川楓跟仙道用的」。

2. 純潔的物種，卻對男性生理構造異常了解（下體限定）。

沒交過男友、應該也沒親眼摸過三次元男人下面的腐女 A，平常總一臉清純的樣子，不聊性也不開黃腔，但卻能對身懷巨砲的美國鈣片演員如數家珍，還理所當然的說是為了做功課。關於摸到前●腺、小菊花就會 XX，或是屁股被人塞冰塊是什麼感覺她也能講得身歷其境，彷彿她下面也配備了巴比倫塔，只能說她比男人更了解男人。

3. 容易振奮也容易取悅。

在她精神萎靡的時候，只要餵食任何腐物，不管是有生物的男男，還是無生物的茶杯茶壺、鉛筆削鉛筆機，她都能立刻起死回生，眼裡開滿小花（或者說是食人花，而且那種花只食男人，最少一次兩個）。但若不小心逆了她 CP，就準備受死吧。

4. 世界觀異於常人。

言情小説裡的處女又笨又沒用，BL 小説男人愛男人才是王道。
我們是炎黃子孫，炎帝和黃帝兩個男人的產物。
滿心期待的旅行地點是 2015 的長白山。
世界末日不是 2012，三叔宣布封筆那刻才是（眼神死）。

5. 胃口很好，腦補超強。

不管何時何地，只要看到兩個男生稍微靠近或任何肢體上的接觸，就會異常興奮，明明她的肉身在我眼前，但我卻能看到她的三魂七魄都靈魂出竅到在地上高速打滾，不只看電影會自動忽略女主角讓第一第二男主角這個那個，連長得像台灣黑熊的阿宅工程師她都可以在腦裡意淫（不是說 BL 的必要條件是美型男嗎！！），只能說想像力是她的超能力，也是她的惡勢力。

6. 忠貞不二的 BL 傳教徒。

會**不斷不斷不斷**的告訴你 BL 有多好，當非腐女人類試著爬出 BL 黑洞時，她會站在洞口一臉淫笑的把你踹回洞裡，並且告訴你一日腐終身腐，一入腐門深似海，你已經回不去囉 wwwww，然後不容拒絕的挾持你一起看她剛入手的肉本，並且永不斷電的跟你解說攻受關係。

本來覺得我的腐女朋友已經非池中物了，但讀了摸摸鞭辟入裡的稿子之後，這才知道原來我朋友還不算重症。摸摸筆下的腐女無堅不摧，如果忽略她們腦袋裡猥褻男人的非法部分，根本就是現代女性的典範來著了。學習之神在她肩上、靠幻肢戳弄受君後庭花以達塑身功效，連異於一般女性的特質都被她解讀成世間難覓的女友人選，如果《復仇者聯盟》第二集來台灣選角，集超強大腐女力於一身的摸摸，絕對可以跟鋼鐵人美國隊長雷神索爾一起拯救地球的吧（前提是她沒有因為沉溺於意淫他們各種配對體位而精盡人亡啦）。

閱讀本書除了可以徹底的解放心靈，從原本不潔的思想進化到不

可逆的淫穢地步之外，書中也充滿了讓人想要用螢光筆畫起來但不~~知道畫起來要幹嘛~~的名言錦句，像是：

「君要臣死，臣欲仙欲死。」

「腐女很容易滿足，你只要知道她最近在迷哪兩個男人，你就掌握了她全部的心！」

「為何攻受不可逆？就像爸爸 X 兒子是適當體罰，兒子 X 爸爸就是大義滅親；老師 X 學生是杏壇之光，學生 X 老師就是英雄少年。」

字字句句都顯示出摸摸在 BL 方面已經達到不瘋魔不成活的境界了，看完全書也不難了解為什麼摸摸要低調，**畢竟寫出這些東西的人要是高調還能活嗎？**

儘管在下對 BL 了解不算多，而摸摸的戰鬥值根本高到爆錶，連我的腐女朋友們都氣憤到拍桌問我，憑什麼推薦她們心中的腐之大帝　摸摸（挪台以示尊重）的書？老實說我也很汗顏，畢竟這本書都封起來了你還買，想必早就很清楚這裡面有些什麼了吧，哪還需要我這一介平民來推薦呢是不是 wwwww。不過我也認為出版社決定把這本做成 18 禁是對的，這樣大家才能盡情徜徉在摸摸交織著力與美的髒話，以及攻與受自由奔放的活塞運動裡啊？（真的有這個嗎？）

那麼，不多說，接著就請進入摸摸跟男人 X 男人 X 男人的世界裡吧 wwwww。

目錄

【自嘲的典範】

某天擦頭時擦出了一堆黃黃的東西，當下還以為是從
自己腦袋裡流出來的，後來事實證明只是染髮劑掉色
啦！（當腐女當久了的心靈後遺症）

Ch.1

低調運轉
腐女腦

在腦中進行的糟糕事。

天生原發性腐女

話說腐男腐女的啟萌關鍵點很多，走在充滿陷阱的啟萌大道上，隨便踩到一個點都大爆炸，旋即以包裹著粉紅色氛圍的超級賽亞人之姿態繼續在 BL 的道路上行進著。

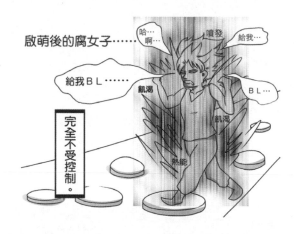

這其中有被朋友蓄意陷害而導致出賣靈魂的；有自家娘親把 BL 小說當作親子讀物來實行家教的；更有人光看封面以為自己買的是少女漫畫，殊不知漫畫裡面找不到任何一位少女；當然還有其他更離奇的狀況，總歸都是外在因素造成。

但我本人卻比較特殊，是屬於天生覺醒之原發性腐女。

基本上每個進入了青春期的女孩都擁有一顆半發春的少女心，我也不例外，時常將自己設定成楚楚

可憐的弱女子，自編自導自演被惡少綁架，等待白馬王子前來相救的腦殘戲碼。那時候我們班的某位男生走大運地被我拿來當作意淫的素材，我也任由狗血的故事情節在我腦海裡發展。

　　少女：「不要～不要過來～～」
　　王子：「放開她！要我做什麼都可以！！」
　　惡少：「哦～這可是你說的……」

　　原本到了這裡就應該順理成章地發展成更加狗血的劇情──白馬王子挨惡少一頓揍，然後女主角（就是我）被救出。一定要先撫著受傷的王子的臉頰靠夭……啊，不是，是一邊淚流滿面地嬌嗔：「我不值得你這麼做啊！！」一邊用高速粉拳捶捶外加少女特有高頻電波攻擊。最後由男主溫柔地安慰少女，以兩人互擁來結束這一回合。

　　可是我是個才 13 歲，腦袋就已經整組壞光光的女子，事情才不可能這麼簡單。

　　於是劇情就以雷霆萬鈞的氣勢失控了。

　　惡少：「哦～這可是你說的……那麼……我就不客氣了！」（推倒白馬王子）
　　王子：「哈啊～哈啊～～」
　　少女：（心跳加速）

14

　　我真不想發誓以上都是真的，可它就是真的……
當年還處在青澀年紀的我，也不知道是哪個基因
突變，忽然封印就自行解除了！雖然人家也是個少
女、也會自己幻想偶像劇劇情默默開小花，但很弔
詭的是，我的幻想沒有一次正常地走到該走的終
點。

我的白馬王子永遠會被強姦。

　　我真的不知道為什麼！不要問我！！！！（崩潰）
不知道多少次在腦海裡吶喊：「不要壓他！！！」不
過一點都沒有用。只能說這種獨自一人在暗處自我
生產愉悅致死腦內啡的禁忌活動實在太令人渾身酥
麻，即使後來內心一直存在著某程度的不協調感，
我還是每天準時在腦內上映表面是男生愛女生的浪
漫偶像劇，實則為男生更愛男生的恐怖小劇場。

　　不停做著這種白日夢的我，戰戰兢兢地生活著，
不敢跟任何人講，更以為自己病了……甚至一度
徬徨到想尋求輔導老師的幫助。想想自己不過就是
個國一少女，但完全就像個變態一樣，真的對自己
的未來感到很憂心（想到案發瞬間所帶來的恐慌感
還會留幾滴淚）……但事實證明，我已經不必感到
擔憂了，因為現在的情況已經不能再更壞（掩面哭
泣）。

　　而班上那個被我拿來當作意淫素材的帥哥呢？其
實他國中三年來都沒有休息過──總是在不同的場

景，被不同的男人，用不同的 play 來調教。只是他要救的永遠都是同一個女人（同一個該死的腐女子）（對，就是我。），~~也因為班上其他男同學的長相~~，他完全沒有下場休息的機會。更悲慘的是，即便之後升上了高中，他仍然不能休息……

因為我高中念的是女校（素材量趨近於零）。

作為一個莫名其妙就從無名小卒變成 GV 導演、明明連腐物都沒接觸過就忽然開竅的原發性老腐女，我這 N 年來的腦內生涯，活得既愉悅又扭曲。不但在啟萌之路上踩到了超大陷阱雷，而且還是自己放的，果然這就叫做命運的天啟嗎？

每天都挑戰著不同的體位

不行……

我要死了……
（各種意義上的）

同學這些年
辛苦你了啊……

❀之所以可以保持低調

　　姑且不論現在狀況如何，當初在想自己網站的名稱時，會一秒浮現「低調腐女求生記」確實是因為我真的很低調……至少在現實生活當中是如此的。

　　但之所以可以保持低調，倒也不是因為我很刻意隱藏自己喜歡 BL，而是一連串環境不良加上人為因素（自己）的阻撓，整個過程說來令人感傷。

　　其實在前一篇提到的驚爆天啟事件後的沒幾天，不知道是命運的牽引還是老天爺的憐憫（憐憫白馬王子），我在朋友房間的床底下靠左邊的那個有點陳舊的椪柑紙箱裡面發現超無恥、超下流，有點帥氣的鬍渣大叔強姦金色短髮小正太，一開始先把正太的褲子用左手扯掉，然後右手毫不費力地抓住正太兩腳，往上一抬，頭往下埋，就開始舔啊舔啊舔啊舔啊舔啊舔啊舔啊舔舔相連到天邊，最後褲子一脫，凶器一放，正太一叫，大叔一吼，侵犯事實就成立的 BL 漫。（作為一個已經把大學同學們相貌都忘記的人，妳完全記得太清楚了！！）

　　但是還沒從「自己是異類」的悲痛中走出來的我當下只是一陣顫慄，羞恥心一上來，竟然眼眶泛淚。雖然我朋友那時八成是精蟲上腦，看到淚眼汪汪的我，倒也沒有要表達任何歉意或解釋這糟糕本的意思，她沒有講半句話，就只是雙手環抱胸前，斜斜地倚在房門口對著我輕笑。

Why ？為什麼把自己笑成一座老鴇！笑妳妹啊！！！朋友那意義深長的笑容不知怎地就漸漸地模糊掉了，然後這一幕自我的記憶中淡出，後來對於這段往事我完全沒印象……讓我不禁懷疑自己是被下了藥。

總之隔天我就不記得有發生過什麼事（一直到這兩年才又想起來），之後朋友也完全沒和我提過BL……彷彿這件事從來沒發生過一樣……根本是恐怖片。

等到成年後猜想朋友當下的判斷，大概是不認為一個看到 BL 漫畫竟然可以嚇哭的女人會是耽美文化的狂熱者吧！所以沒有人願意主動提供她諮詢與協助的腐女，到底是運氣好還是運氣不好？連像這種到了嘴邊的同好都可以讓她飛掉，我感覺這已經無關運氣，而是我本人的問題了。

平平是腐女，人家都有可魯作伴，就我沒有。在腐界中，初生之犢喪失了同好就等於是喪失了導盲犬；沒有師父領進門的下場便是——即便妳 15 歲的時候就已經在有名的連鎖書店中，正大光明地買到了十八禁的 BL 本，妳還是沒有辦法進入這個圈子。因為在以前那個古老年代，書架上放的漫畫就零星幾本，妳根本無從選擇只得全盤接受，本本品質參差不說，神作更是可遇不可求。總之，亂槍打到的人鳥實在很難合自己的胃口，所以還不如又自己在腦內偷偷嚕，嚕到天荒地老，海枯石爛。

再加上可能我天生八字輕吧，~~以盛產可魯聞名的~~
~~動漫社~~不管在我人生的哪個階段，總是離我很遠。
遙想學生時代，參加過的社團有哪些……竟然不是
「數學研究社」就是「自然科學研究社」，老天
爺，我到底有多愛學習啊！於是「這女的是個普通
女性」的假象就一直持續至今。

只能說現在的小朋友真的很幸福，有了googay
大神的陪伴，只是隨便 goo 個動漫或小說的名字，
下面都會很貼心地幫你附上同人、BL、H、R18 等
關鍵字讓你跳火坑順便尋找可魯。不像我這種到了
幾年前才開始使用網路的人種，真的很容易就成為
BL 界的山頂洞人、一不小心就這樣老死在史前時
代裡。

Googay
台灣

_____

網王
_____

網王同人
網王
網王歌詞庫
網王bl
網王同人推薦
網王之中國魂
網王同人bl
網王h
網王同人文
網王之a大調的回旋曲

大家一定想像不到，如此不靠腐物就得以自體燃燒到現在的我，腦內生活有多複雜，這樣不斷與 BL 擦身而過的命運，一直到了我兩年多前的某一天半夜不小心在 you 吐上點開了《戀愛暴君》*1 的 OVA*2 才被扭轉。對，我差不多就是從那時候開始看 BL 的吧。啊，還有大量的動漫。如果以這個來界定腐齡的話，說不定我還算是個新人。

所以曾經有人問我：「那妳以前那段（荒唐到近乎獵奇的）日子，到底是在萌二次元還是三次元啊？」我只想說：「13 歲到兩年多以前的我，根本無所謂萌二次元還是三次元，因為**我根本就自己一個人處在異次元啊媽媽！**」

*1 高永ひなこ老師筆下的超人氣 BL 漫畫，一個忠犬學弟將暴嬌學長掰彎的故事。
*2 原創動畫錄影帶，製作成本和品質一般介於電視動畫與劇場版之間。

※ 妳也是腐乙混血兒嗎？

讓我們暫時先把標題放置 play。

咳嗯！你知道要怎麼判斷純血腐女嗎？我們來做一個實驗。首先摸摸我要先準備好很多個摸摸的替代機體……大約兩萬名，接著我要講一句話，那就是：「我昨晚夢到自己和日野哥哥 *3 熱吻……」相信我，吻字都還沒說出口絕對會立馬被殺，你就可以看到接下來的場景是此刻在這裡的純血腐女殺成一片……

吻……（話都還沒講完就立馬被殺）

我的眼睛

啊

妳個混帳東西

我們的眼睛就不是眼睛嗎

現在知道為何要準備兩萬名摸摸了嗎？（因為會被殺掉）而哪些又是純血腐女呢？（抓狂的那些就是）

*3 日野聰，日本人氣男性聲優，聲線沉穩而有魅力，擅長演繹各類角色，尤其是處男。

在下曾經遇過對 BG 相當相當感冒的同類，對此我非常害怕，她們幾乎是已經不容許任何作品有除了 BL 以外的配對存在，對 BL 相當忠實，但有時言詞也會相對偏激。

就這樣…
此刻在這裡的純血腐女殺成一片血海……。

而我本人則是：

看 BL 作品時：裡面最好不要給我出現 BG（尤其還有 NTR *4 主角的情節），不然就把作者弟弟的屁股給我洗乾淨等著！但如果劇情好的話，就會選擇遺忘異性戀所帶給我的衝擊。

看一般向作品時：裡面有萌的配對就吃（不分 BL、BG 或 GL），完全順從獸性！雖然到最後都無可避免地讓所有男性角色走在通往 BL 的道路上，但這不是我可以負責的。

看乙女向作品時：只要女主角的性格能討我歡心，我就會挑出排名第四喜歡的男角送給她，然後第三喜歡的男角留給媽媽，最後把第一喜歡的男角和第二喜歡的男角**湊成一對**。

*4 日文寢取られ（ne to ra re）的縮寫，原本指自己的對象被別人睡了，現在則演變成指橫刀奪愛或是強暴。

就這樣…

　　所以依照上述，我呢，一直都不算是個純血腐女。尤其從〈天生原發性腐女〉那篇文章來看，白馬王子這個詞確實存在於我的字典和劇本當中，雖然白馬王子的用途已經完全變了調，但我依然相信這世界上仍存在著還沒被強姦的白馬王子！

　　這種感覺十分矛盾，到底～腐女國的國王和乙女國的國王所生的孩子——腐乙混血兒，她該領腐女國的身分證還是乙女國的身分證呢？（別跟我說在該國住滿四年就可以領身分證）她會不會因為燃燒腐女魂而被乙女國的人民所排擠？她會不會因為擁有乙女心而被腐女國的人民所歧視？

　　純血腐女和乙女或許重視的是種認同感，一旦核心理念遭到背叛便會怒不可遏，這種情感和想法是可以被理解的～所以同樣也希望自己雖然不是那麼純正，卻也能夠被理解！畢竟我們在腐的時候也是一心一意，充滿著愛啊～～

　　身為腐乙混血的我想說的是：血緣這種東西是想切也切不斷的，腐乙血這種東西混了就是混了，妳質問她為什麼這麼沒節操，她也不知道該如何回答妳，只能稍微 show 一下她掉了滿地的節操。

　　雖然 BL 向、BG 向都吃實在有失國格，但至少腐乙混血不會做出傷害腐乙兩方的事，畢竟兩邊都是她的爸爸啊！

24

　　所謂雜種優勢不就是這麼一回事～就讓我們把它
當作聯姻吧！説到底，腐女這種生物是什麼……不
過就是稍稍起了化學變化的淑女而已。至於乙女，
也不過就是很有機會變成腐女的少女罷了。

　　然後你以為關於日野哥哥的夢到那裡就結束了
嗎？ NO，接著，在一陣熱吻完之後……我竟然，
就完全不知道接下來該怎麼辦了！！！！（乙女生涯
止於這步）

　　所以我想我大概是，混到腐女血比較多吧：大概
乙女血佔 15%，腐女血佔 239%（~~妳的數學老師是
死掉了嗎？~~

❁ 來硬的腐女反而會軟掉啊

自從有一天，我被求知若渴的好友們要求播放了《百日薔薇》*5 和《戀愛暴君》的 OVA 出來看之後⋯⋯

當下反應不一的他們竟有志一同地做出了相同的後續動作──積極地蒐集各式各樣的資訊給我。不只有免費線上看 G 片的網站網址，還有各式男生相互撫摸的圖以及藝人拍男男吻戲時的幕後花絮，甚至是《鬼畜眼鏡》*6 的主題曲⋯⋯我當下頭好痛。

*5 由稻荷家房之介老師創作的 BL 漫畫，講述冷豔指揮官如何為霸道的忠犬下屬所強行佔有。
*6 一款在 2007 年以「戴上眼鏡即能升級成攻」的設定，成功創造話題的 BL 遊戲。

先不說裡頭的男士們你們究竟是怎麼回事，究竟
是什麼讓你們克服了一般男生應該有的心理狀態不
停地去找這東西！？我好幾次懷疑「啊，該不會是
自己想看？」其實我的猜測根本就是事實吧！再來
你們實在推得太強硬了，這樣老娘反而硬不起來啊
啊啊啊！我曾經試圖跟他們說明——「強摘的果子
不甜，刻意賣萌的萌點不萌」這個道理，不過他們
完全理解不能，就如同他們也無法理解為什麼有些
故事的畫面或劇情明明就很合理（？）轉頭一看卻
發現有個女的在角落傻笑。

不管天生腐還是跳坑腐，其實都需要有一定的悟
性！一個人若沒有悟性，你再怎麼拿東西荼毒他，
他還是會跟你說那是兄弟愛～反過來說，對於一個
腐力全開的腐男腐女而言，他也怎麼都沒有辦法相
信那只是普通男人間的友情，對！那是基情。

而我們，都已經回不去了。

只能透過文字的帶領，重新回憶人生的每個重要
瞬間：明明已經工作超過 30 個小時沒有闔眼，眼
睛又乾又澀，痠得要死，甚至布滿血絲，卻還是
看得出來——這集裡面的菜販大叔和警察先生有一
腿；路過隔壁班，意外瞥見裡頭的男同學們彼此又
是搓手又是捏臉，玩得很是開心，而自己也邊緊盯
著邊笑得像條花枝，以致最終跌倒在隔壁班走廊發
出巨響，上一刻還在互相搓捏的男同學們通通跑出
來看；用漂亮的服裝把自己裝扮成偶像劇中的人

物，自編自導自演一場跟男主角談戀愛的戲碼，但好幾年後的今天才忽然驚覺——自己當時扮成的是男配角。即便腦袋裡的回憶可以憑著意識倒流，身體卻還是就著潛意識向前噴射，然後在回憶過去的當下更深切地體認到：真的，再也回不去了……「那一年，我們一起拋棄的正常人生。」

　有一天朋友問我：「妳看到的東西為什麼都跟別人不一樣？」
　我回答：「我也不知道。」

　我是真的不知道嘛！話說鬼才會知道，你去問問張無忌和虛竹他們如何能練就絕世武功的啊啊啊啊！！！我也是有一天掉進山谷、被關在洞穴裡，醒來後發現我任督二脈全打通了啊媽媽～偏偏對刻意送到嘴邊的肉不感興趣，就是喜歡那種要腐不腐、要幹不幹，要什麼沒有什麼，要什麼又有什麼的感覺。

　對我而言那就是萌！

腐女的其中一個願望

女人是貪心的，她們若愛上一個男人，她會希望他的人、他的心、他的靈魂、他的一切，都是屬於自己的。那麼腐女呢？她們若愛上男人，一次就是兩個，而撇開一次兩個這槽點不說，有時她們還會希望其中一個男人下方的巴比倫塔，可以改建在自己的地盤上。

不管是心理上的「巴比倫塔崇拜」，還是生理上的「沒有巴比倫塔可用實在很不方便」，都有可能是腐女想變成男人的原因。畢竟幻想情節幻想久了都難免想體驗一下真實的 BL 戀愛啊！好想把不會犯法的 BL 劇情在現實生活中全部跑一次啊～例如：一邊側著大頭扯著領帶一邊硬著小頭頂著下方的受君之類的。所以此時此刻就會好羨慕腐男（小花亂開），雖然他們不一定會想嘗試就對了……

　以上實屬精神層面的慾望——頂多吃飽睡足、覺得光過腐女生活很乏味時偶爾願望暴走（會做出拉開抽屜往裡頭鬼叫「把哆啦Ａ夢交出來！！！」的愚蠢動作），但因為我做人比較實際（不行，好想吐槽自己），所以以下的點才是深深讓我覺得「當男生真好」，或是「對嘛！就說老子應該當男的啊！」的要素。

　一，小的時候曾經好幾度站著尿尿，雖然每次都只有前 80% 的過程有成功，但這都讓我更確信了「變成男人後，我就能擁有更優越的條件讓自己做個不尿灑地板的新好男人」。

　二，上了國中的健康教育課後才恍然大悟原來寶寶不是從肚臍也不是從肛門出來的純真小女生，卻在國小時就知道男人和男人彼此可以火車過山洞。雖然與其說知道不如說是自己想像出來的，但我對於男性間肉體碰撞知識的天份之高，都讓我覺得自己沒當成攻是不是老天爺開的玩笑。

　三，最重要的一點：本人是個跟女性特有器官八字不合的體質，每個月子宮都會發生週期性故障，每每讓我痛起來就後悔自己沒及時去看醫生、生不如死、死了投胎絕對不要再給我會故障的子宮這種東西拜託祢啊神！！！！有人說女生經痛的感覺跟男生撞到蛋蛋差不多，但每次痛到像條爛布掛在家裡任何一處地方時，我都寧願是蛋蛋被門夾到，但他媽的我就沒有蛋蛋啊！！所以說到底是哪個天才有

那個生理條件可以説出「經痛和撞蛋疼痛指數差不
多」的話啊！夾蛋蛋是一生都還不見得會有一次的
黑道討債，但每個月都會有個鄰家大姨媽喪心病狂
地敲妳家的門敲到爛真的很崩潰啊！

　　根據上述，在在都顯示我不當男人是老天錯誤的
決定，連我媽在每次誤開我廁所的門，聽到我充滿
男人味的「啊～（低沉無比，Man 氣十足）」之後，
都會語重心長地表示「媽媽當初少生了一根東西給
妳，真是對不起。」

　　嘛，知女莫若母啊！

✳ 低調腐女的微笑

　　自古以來，大家有志一同地認為女人笑起來的時候是最好看的，但我卻真心認為腐女的笑容真的好可怕。說來也慚愧，在下有天晚上躲在只留著書桌檯燈的房間內偷看一些東西（是什麼東西大家都知道……欸，其實只是兩個爸爸同居的曬恩愛偶像劇啦 XDD），結果某一刻視線忽然一偏，就被螢幕反射出的自己的猙獰笑容給嚇個半死哈哈哈哈哈哈～

　　不能控制自己笑容的感覺真的好可怕。

　　但其實更可怕的是：腐女們用以下這些笑容跟你相處。

微笑

微笑是女性最大的武器，微笑的腐女則是生化武器。

賊笑

此刻她是想做壞事的小女孩，而你是身陷危機的小男孩，當壞女孩遇上水男孩，除了後者被前者反覆視姦以外，似乎沒有其他的選擇。

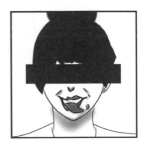

淫笑

她可能正在幻想：他的乳尖正在被男人反覆搓揉／他的褲子正被對方粗暴地扯開／他的雙腿大開……（拜託妳住嘴！）

微妙的笑

這是屬於勝者的笑容，因為自己拿生命和青春賭上的 CP……似乎就是官方想要推的配對（並沒有。）

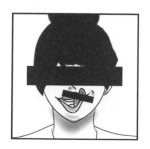

浪笑

不用懷疑，浪笑就是笑到很浪，也就是説你面前的這個人她現在處於極度高潮的狀態，不要請教她怎樣能高潮，她怎樣都能高潮，只要面前有兩個雄性。

傻笑

此舉代表著語言功能的喪失，損壞程度大概就像是程式裡出現了為數不少但影響不大的 bug，至於 bug 是什麼，我們都知道鐵定和 BL 脱不了干係。

癡笑

傻笑的升級版，此時的她已經喪失了大腦的所有機能（除了腦補那區還在之外），總之，她已經壞掉了，換一個吧。不過，壞了一個，還會再壞掉千千萬萬個。

感動地笑

喜歡的作家説她下次會畫這對 CP 在游泳池裡的火車便當式（？）。

狂笑

當二次元的男人主動問她「自己這樣到底是健氣受還是天然受」的時候。

低頭笑

這是一種還有羞恥心的笑法，但不適用於短瀏海或者光頭的女性。

冷笑

在心底嘲笑親友萌上乏人問津的配對而覺得孤單覺得寂寞覺得冷的時候。（但這樣絕對是會有報應的！）

苦笑

長輩要求一睹男友的玉照，卻拿出了男朋友們的慾照。

仰天長嘯

她，很興奮。在這個氣血攻頂、情緒沸騰的時刻，她已經無法 hold 住自己的神奇寶貝，處於只差一秒便應該要將她整個人讓神奇寶貝球去收服的狀態。

滄海一聲笑

通常走到本子都已完售的攤位前面，就要用這種瀟灑、豪邁、漢子式的笑法來掩蓋自己心中的「我難過的是放棄你放棄愛放棄吧本子沒賣～忍住悲哀」。

曇花一笑

一秒意識到外人而試圖收斂，但已經來不及了。

無恥地笑

一秒意識到外人，但根本沒有想要收斂的意思，根據這個笑容你可以大膽判斷她身旁那位八成也是腐界中人，因為與同好在一起時才很有可能會變成這副德行。

絕望地笑

一秒意識到外人，但卻是想收斂而又無法收斂，最終對自己感到絕望。這樣的人有很多。

邊喘邊笑

通常會喘是因為邊跑邊笑，但這裡也不排除是下面的囚犯太久沒放風，憋太久而導致主體耗氧過度。

手邊轉著筆邊笑

如果她正在看著你，那就是你旁邊的那對基友要小心了，要小心什麼？要小心被寫成ＢＬ小說。那為什麼不是你要小心？你這小笨蛋！那是因為腐女在妄想時多半都會失焦啊。

驚聲尖笑

發現了超萌姦情！驚訝之餘亦是狂喜，此時的她堪比死神，下一秒就要將該人的虛擬童貞賜死。

咆哮

咆哮所代表的情緒可能有很多種，人類在極喜極怒極哀極樂時基本上都會想鬼叫，腐女子則是在萌到極致時會讓你看見終極。

腐女啊，真的是一群愛笑的女人，而她們的笑容就像是紅綠燈，當不同顏色的號誌亮起，都代表不同的意義。

比如說綠燈亮起時你就要快走離開現場；黃燈亮起時你就要跑步離開現場；紅燈亮起時你就要乘著噴射機離開現場……反正就是離開現場就對了。當你知道了腐女笑容所代表的背後意義，你應該也沒有餘裕去欣賞，同樣地，我們連控管自己笑容的能力都沒有了，哪有心思去保證你的安危呢？所以亮起的信號就是暗號，你一定要收到啊！不過也是有人的號誌是處於線路比較特殊而讓你分不清楚的狀態啦，比如說我（欸），所以這篇完全就只是在向大家展現自己的顏藝罷了。（被打）

總之，至少腐女還會笑的話，你就還可以知道前方有陷阱，如果都不笑你才要擔心呢！那代表著你遇到的是相當高階的超低調腐女，這就像是跟看不見的敵人打架，準備從容就義吧！

那時就真的只能**把你的貞操交給上帝了。**

❁腐女的難言之隱

就我的認知裡，腐人類一直是種低調的生物……嗯，與其說是低調，不如說是喜歡的東西見不得光。很多時候都是亂七八糟的思想和畫面在腦袋裡撞來撞去，內部都已經失火了，事主的臉上還是得維持世界和平。

我一直記得，曾有 BL 大神託夢給我，祂語重心長地道：當妳成為腐女的那一刻，妳的臉、妳的眼神、妳的心跳、妳嘴上的笑容都不再是妳自己的……當妳看到萌得不得了的東西時，妳當下根本無力控制要露出怎樣的表情或做出怎樣的反應，只能不斷以懸梁刺股米提醒自己別總想戳刺別人的屁股（喂）。很多時候為了避免因為失言或失笑甚至是害別人失身，而導致自身再也無法回歸社會的下場，就只得把自己的癮好好地藏著。

說穿了，我就是個孬種（逼機臉）。

有多少次學生在討論動漫裡的角色互動很熱血時，我要很努力地才不讓熱血從自己的鼻孔流出來；有多少次學弟們睜著巴搭巴搭的大眼睛看著我，我要很克制地才不會說出：「其實你們全部都是受！！！」的真相；有多少次觀賞著男性友人們彼此褻玩對方的身體，我要很聖潔地不讓自己立馬畫出一本群 P 同人新刊；有多少次我看著總統和他的……（馬上被拖去槍斃）。

唉唷！看有多危險就有多危險，雖然腐女自己一

個人也可以腐得天花亂墜，但這時如果身邊有腐友，鐵定是綠洲啊！所謂同伴就是共犯，若能有一個肚裡蛔蟲兼心靈支柱，只要一個眨眼或嘴角蠢動，就能瞬間明白對方在想什麼，並且大量訊息在空氣中咻咻咻咻地交流，飛沙走石。除此之外，在外人眼裡，兩人相視而笑絕對會比自己一個人杵在暗處癡笑要來得好很多。

難言之隱，難言之癮，説穿了，就是多麼苦逼的
難掩之癮。每當這種時候，我都真的好想要有個腐
友，人生就該求得個知己然後一起作案啊！

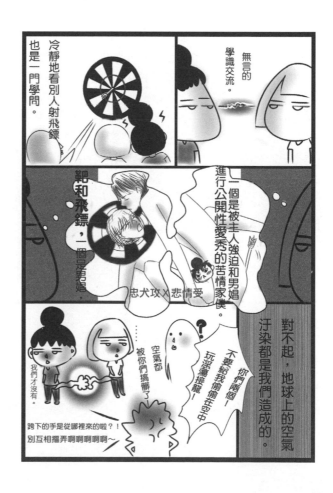

✿ 腐慰人心的這一刻

　　腐慰人心的這一刻也可以説是腐女心躍動的每一個摩門特，腐女心要怎樣才會躍動呢？我覺得這句話從根本上就很有問題，因為人類只要還活著，心臟就會跳動；腐女只要還沒死，心跳通常都是一秒鐘幾百萬上下。先不論這麼驚人的心搏數有可能讓腐女因為過高的代謝率而提早去見閻王，我們在這裡該關心的是，是怎樣的生活環境因子才能造就如此忽視人體醫學的阿腐們。説實話，每當這種時候我都覺得不能好好地掌握自己的心臟實在很可惡（沒有説服力的發言）。

為什麼身為男生的我也會因ＢＬ而心動呢？
為什麼心臟跳得如此劇烈、激動、快速呢？
難道是因為我常穿粉紅色的關係嗎？（Ｘ）

　　比如説看著小朋友天真可愛又粉嫩粉嫩的臉龐，就會忍不住構思他們長大後的蕭颯英姿；看著公園裡連一頭銀髮都可以很有型的老人家，就會忍不住

猜測他年輕時的意氣風發；看著野生的狐狸，就會忍不住想像牠成為狐狸精的樣子；看著到哪都有的小明，就會忍不住想讓他在老王身下嬌喘……

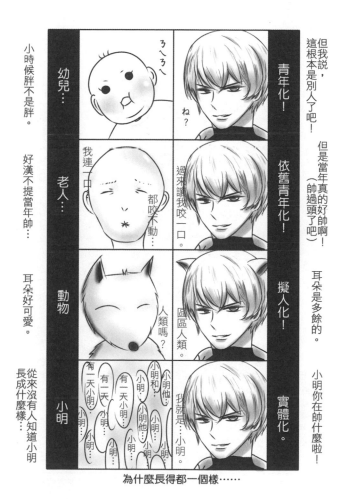

為什麼長得都一個樣……

光是在腦海中編織這些男性的未來以及與他人共
譜的羅曼史，就可以讓我杵在艷陽下望著天空發呆
直到曬成木炭啊媽媽！！

連考慮自己的人生都不見得那麼認真。

這是●人類的天性。
（跟著看）

都燒起來了啊喂！

就算只有看到畫面，我們也可以幫你們加入台
詞。（正確來説應該是只有被看到畫面才叫糟吧）

原本的劇情不是很生活化嗎喂！

就算你只有一個人，我們也可以幫你創造出另一半。（「另一半」永遠會從宇宙的各個角落和死角馬不停蹄地趕來）

但他其實只是頭痛。

就算你只是在運動，我們也可以幫你變成床上運動。（當下真是各種愉悅）

只能說：體育活動本身就是一種十八禁。

就算男主角已經有人當了，我們也可以把你變成
男主角。（以另外一種形式）

路人 · 升級。

對不起，原來這些好像都不是環境問題而是出在
我們自己；不是時勢造英雄，而是英雄造時勢；不
是腐慰人心的這一刻，而是每一刻都在自己腐慰自
己啊！簡單來講，**真的再往前一步就是瘋子了。**

一開始我們讓故事裡的男一和男二搞在一起，再
來我們覺得身邊的男性都有問題，然後我們讓全世
界的男性都變成了 gay，接著我們把天花板和地板
也變成了 gay，到後來連看到週期元素表一顆心都
會撲通撲通的狂跳、跳到差點離開地球表面突破大
氣層，最後⋯⋯沒有最後，因為病毒的侵蝕是永無
止盡的，就連腐齡高達兩位數的我至今也仍在發展
中。

腐女子的妄想力確實是可敬可佩的。

自從開始寫網誌之後，我與三次元男性的接觸與
互動變得比以前更多，雖然都是線上的居民，但
也因為網路的匿名性讓人不需要考慮廉恥的問題，
我和他們的關係時常建立在不是「讓人備感羞赧」
就是「令我這個重度腐女相當費解」的問題與解答
上。曾有路過的男性民眾跟我反應，說看了我的網
站後感覺很受傷，字裡行間句句絕望到幾乎可以看
到他在電腦另一頭淚眼婆娑。最後他問：

「腐女真的看到兩個男人就會開始意淫嗎⋯⋯」

「當然不是啊！！！！是見到一雙鞋子也會⋯⋯」
雖然看著對方好像真的很無助的樣子也有點於心不
忍，但還是很想告訴他事實的真相就是如此。

只能說，生活中可以讓人感到挫折的東西實在太
多了，如果老是要等到沮喪自己退去，那正事真的
不用做了、人生也不用過了。要解放壓力就要懂得
利用興趣米腐慰自己，要腐慰自己不能光靠等待，
而是要學習自己創造，我們的未來掌握
在自己手中啊！（從背後射出光芒）

腦下留人啊！

我們的未來
則是斷送在妳們
的腦裡啊！

【這就是真相】

在文具行裡一時玩心大起，把動漫人物（俊美的男
性）畫在試筆紙上，然後蹲在一旁觀察，發現會停在
那裡看的人，都是男生。（還有一對牽手的情侶走
過，結果男方為了停在那裡看，差點把邁步往前的女
友往後拉倒。）

Ch.2
腐女，
妳的名字叫外星人

身為腐女的妳也不知道的BL。

❀ 腐女的朋友需要腐導【日間部】

事情是這樣的，在某天夜已深人都睡死的晚上，我的好朋友強迫我展開了我們之間久違的對話，除了劈頭就質疑我宅到人間蒸發這件事之外，竟然還在我昏昏欲睡以致不太想搭理他的當下丟出了疑似「ㄒㄧㄣˋ ㄕㄡˋ」的關鍵字，但經過我的確認後，我才發現不是「疑似」，而是根本就是！

老天！我的男性友人竟然在跟我聊攻受，不過他並不了解攻受是來自宇宙中哪個行星的神祕元素，於是為了好友的求知欲，便有了以下來自本人不負責任的名詞解釋。

BL
BL＝Boys' Love，就是 Boy 和 Boy 之間的戀愛（不是只有做愛），你可以說它是 Beautiful Love，但它跟 Beast Love 卻沒有太大關係，BL 不等於男同性戀，BL 是種幻想。（說完倒在地上痛哭）

耽美
BL 世界存在著耽美文化，耽美文化很唯美，唯美的世界有權利拒絕與既不美又不帥的男性來往。

腐女
女性，超能力者，擁有將宇宙裡的萬物妄想成 BL 的絕技。

腐男

男性，同樣是超能力者，但比腐女多了一樣器官。
（是膽好嗎，你想到哪裡去了）

腐人類／腐眾

腐女和腐男的集合總稱，善於離群索居也善於集體
覓食，隨時隨地處於飢渴狀態，具危險性但不具攻
擊性。

萌

萌（當形容詞用）：
（稱讚一個男人的可愛舉動或兩個美男子之間的親
密互動很令人）愉悅、開心、幸福、舒服、神清氣
爽、看見天堂、飄飄欲仙、快速量產腦內嗎啡、欲
仙欲死、到達西方極樂世界、覺得世界上沒有邪惡
的人。（例：好萌喔！）

萌（當動詞用）：

（因看見兩個美男子之間的情侶互動而）感到無上的愉悅、體會超凡的開心、頓悟原來這就是幸福、讓身心靈都舒服、像做完五百次瑜珈那樣神清氣爽、感嘆不用死亡就可以看到天堂、不用灌酒抓兔子就能飄飄欲仙、挑戰人體極限快速量產腦內嗎啡、君要臣死，臣欲仙欲死、二話不說就到達西方極樂世界、佛心來著覺得世界上沒有邪惡的人，因為此時最邪惡的人就是自己。（例：我萌了！）

腐

腐（當形容詞用）：

BL 味好濃喔～都溢出來了！（例：這好腐喔！）

腐（當動詞用）：

這兩個男人讓我 high 了！（例：我腐了。）

腐化

意指腐人類透過小説、漫畫、同人等途徑使 BL 細菌入侵你的大腦，迅速破壞異性戀傳導神經使該區域萎縮，進而把你同化的一個過程。

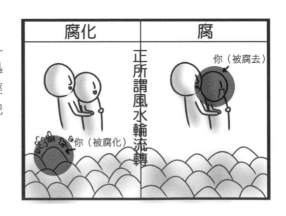

攻（又稱小攻、攻君）

BL 裡提供前面的男人。

受（又稱小受、受君）

BL 裡貢獻後面的男人。

攻 X 受

X 可理解為「插」，亦可寫作攻受。請注意：攻受的位置放錯，**世界會毀滅**。

攻受不可逆

為何攻受不可逆？

就像爸爸 X 兒子是適當體罰，兒子 X 爸爸就是大義滅親；老師 X 學生是杏壇之光，學生 X 老師就是英雄少年；國君甲 X 國君乙就是國家乙吃敗仗，國君乙 X 國君甲就是國家甲不夠強；都不一樣啊啊啊啊啊啊啊啊啊～

蛤！你說這些意義何在？
意義是殺小，拎北只知道意淫啦！

❀ 腐女的朋友需要腐導【夜間部】

在日間部談到攻受，就不免俗地要在這篇細講各式攻受，但因為商品款式實在太多超煩人，所以我的目標是做到盡量一張圖內完結，如果沒辦到的話，我本人躺在士林夜市前面供人鞭打。（以下攻受之屬性皆可交叉使用，例：有傲嬌受當然也有傲嬌攻）

另外還有可以從字面上直接判斷之名詞：

紳士攻、賢慧受、好人攻、大叔受、溫柔攻、美人受、霸氣攻、肌肉受、痞子攻、體貼攻、賤受、懦弱攻……這些攻受屬性搭配腐人類的強力妄想，就可以排列組合成 BL 的一千萬零一夜。

盯

各方面的強大，尤其是氣場。
就算他只是坐著，你也會有種自己被俯視的錯覺。

智　悍　肌　精　力

強（氣）攻

無論遇到什麼事，
顏面神經都會癱瘓。

太多表情
容易長皺紋……

默　穩　言　冷　氣

面癱攻

鬼畜攻

虐待人就如喝水一般平常。

就算手指沒有別人長，還是有辦法讓你哭出來。

善
虐　畜
氣　精

腹黑攻

善類的面具底下，其實是鬼畜攻。

手指？手指沒有要拿來幹嘛啊，你想太多了，放寬心。

偽
虐　畜
氣　精

忠犬攻

披著人皮的忠犬小八。

忠犬攻的進化史

忠
體　病
黏　煩

自我中攻

自我中心傾向相當嚴重。

這世上能當攻的只有我自己！

帥
我　病
下巴　煩

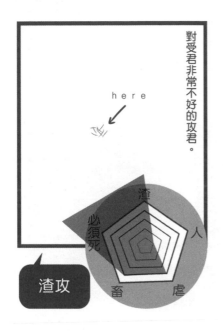

與之相對為年上攻：意指相對年紀較大的攻君。
與之配對為年上受：意指失去長輩尊嚴的受君。

子安武人

變態攻

哈
嘶
癖
呼
舔

你以為我是受？
別傻了，等到了床上……
你就知道了。

偽受＝假的受＝真的攻

智
氣
擬態
諜對諜
目的

偽受

（能夠被女王踩上一腳，
此生死而無憾……）

以自身無與倫比的魅力，
使對方拜倒在他石榴內褲下。

智
服務精神
美
媚
傲

女王受

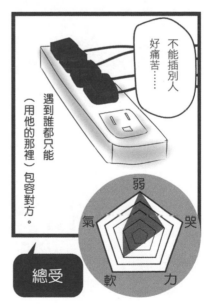

不能插別人
好痛苦……

遇到誰都只能
（用他的那裡）包容對方。

弱
哭
氣
力
軟

總受

58

對身邊一切事物皆天真到近乎無知。

學長叫我今晚把下面洗乾淨後在他床上打開雙腿等他，他要幫我檢查看看我有沒有生病。

你是有病啊！！腦！

天然受

天然受的旗艦版，讓你看見什麼叫做終極！

我並不腦殘，因為我根本沒有腦。

小白受

出演主角的路人。

我叫小明……

平凡受

健康爽朗（又耐操）的陽光男孩。

今天的體位你喜歡嗎？

哈哈哈
我好喜歡喔哈哈哈
哈哈哈哈哈
哈哈哈

愉悅的衝浪活動

健氣受

60

❀ 腐女的朋友需要腐導【深夜部】

看完了日間部及夜間部，三部曲的進修課程差不多該結束了，看看人家托爾金大師寫的是一只魔戒蠱惑人心的華麗史詩冒險故事，然後回頭再看看自己寫的……是香菇分析百科和菊花觀察日記（瞬間遭受雷擊）。不過身為一個盡職又雞婆的老腐女，我還是得要把進階的攻受關係介紹完，所以來吧。

強制愛 （通常是攻對受這麼做）

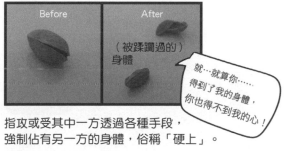

就…就算你……得到了我的身體，你也得不到我的心！

指攻或受其中一方透過各種手段，
強制佔有另一方的身體，俗稱「硬上」。

但強制愛必須小心處理：
如果對方對你沒有愛，而他本身也沒有罹患斯德哥爾摩症候群的話，你就準備吃他的泣訴＆決裂吧！

自攻自受

一般理解：同時做攻也做受。
實際上為：一種禁忌魔法。
外觀看起來像是：雙胞胎在互相猥褻彼此的身體。
我猜想真諦是：我是獨一無二好男人，所以能攻我的只有我自己。
產生條件：做夢、幻覺、穿越、精神分裂、遭受雷擊、病重。

3P 之雙接頭模式

就算我插你，
你也不要生氣，
因為你還可以插他！

相較於一攻多受或一受多攻，
較不常在 BL 裡看到的模式。

3P 之兩攻一受

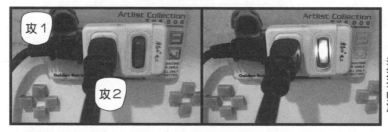

攻1

攻2

達到高潮！

相關心訣如下：雙龍入海，兩鳥一穴，
前後夾攻，雙喜臨門！

請在心中默念十遍心訣，你將可以使羞恥心脫離你的人體經絡，運行於宇宙
之外，從此成為腐學奇才。

你太快了啦

小頭們齊打交，

（嗶嗶啵）

你們專心一點
好不好！（怒）

多 P

Let's party!

因為除了很容易走火以外，
高潮同步率也很難保持穩定。

也要小心處理。

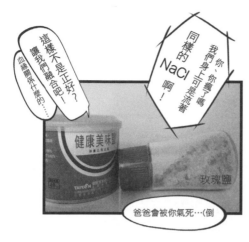

這樣不是正好？讓我們融合吧

血緣關係什麼的……

你、你瘋了嗎 我們身上可是流著 同樣的 NaCl 喵！

玫瑰鹽

爸爸會被你氣死…(倒)

父子

攻受關係可為：

1. 父攻子受（亦稱為父子年上）
2. 子攻父受（亦稱為父子年下）

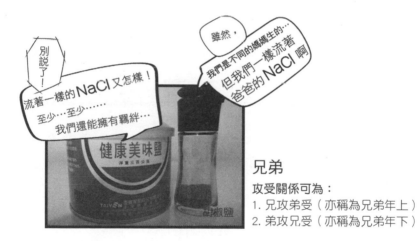

別說了！

流著一樣的 NaCl 又怎樣！

至少…至少… 我們還能擁有羈絆…

雖然，

我們是不同的媽媽生的…但我們一樣流著爸爸的 NaCl 啊

胡椒鹽

兄弟

攻受關係可為：

1. 兄攻弟受（亦稱為兄弟年上）
2. 弟攻兄受（亦稱為兄弟年下）

老爺爺的髒話初體驗

哦、乾喔！

等這天等好久

桃太郎成人版

偽父子

沒有血緣關係的父子
（同理可証偽兄弟）

下克上　讓攻君們透過照樣造句來告訴你，下克上的快感。

(院長)	(醫師)	(手術台上)
(經理)	(菜鳥)	(辦公桌上)
(老師)	(學生)	(司令台邊)
(學長)	(學弟)	(掃具櫃裡)
(王子)	(隨從)	(噴火龍旁)

這樣的(機長)實在太誘人，讓(空少)我好想把你壓倒在(右側機翼)好好疼愛…

(船長)	(水手)	(救生艇外)
(團長)	(團員)	(B團員身上)
(市長)	(市民)	(市民廣場)
(少爺)	(僕人)	(老爺床上)
(隊長)	(隊員)	(籃球框上)
(廠長)	(員工)	(生產線上)

接下來，是給腐女的朋友的測驗！

考前三點注意！

一，這是給非腐眾的人類寫的，請腐男腐女們不要
　　自己在那裡躍躍欲試。

二，寫完請不要拿來士林夜市叫我改，自己的朋友
　　自己負責。

三，總共只有四題，基本上沒有標準答案（但我還
　　是會曬一下的），答案都在腐男腐女們自己
　　的心中，自己的朋友請自己調教，謝謝。

1. 請問光看標題，以下哪則新聞裡蘊含 BL ？

（A）男大生遭 9 男性侵，離職後買凶殺人

（B）脫離地方幫派不成，少年遭施暴拍裸照

（C）男男結婚，台灣最小縣城沸騰

（D）棒球好手鍾小佑受傷，菜鳥阿龍頂替先發

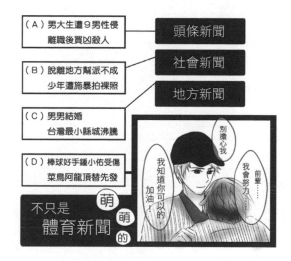

答案是：（D）

2. 請問下列哪一個人是腐女？

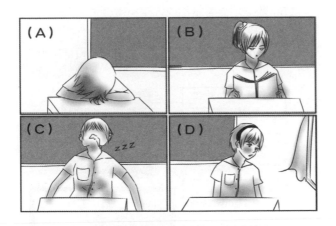

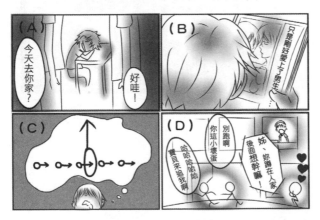

答案是：（ABC，還有 D……的姊姊）

聰明人，要學會從各個角度去看事情。

3. 請以肉眼分辨哪對是情侶？

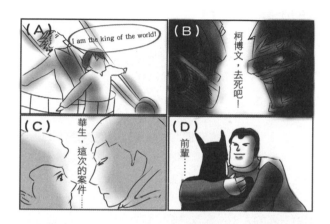

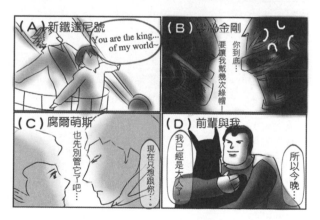

答案是：（以上皆是）

睿智人，得知道事情的真相往往不只是表面。

4. 以下有關 BL 的敘述，何者是正確的？

（A）不正常的怪女生在看的
（B）只有同性戀會看
（C）裡面都是變態又色情的東西
（D）讓人類加速絕種的最強兵器
（E）是一種單純可以帶來快樂和滿足的文化

答案是：無庸置疑，絕對是（E）

答對三題的人：你很有慧根，繼續加油！
答對兩題的人：你一定是愛著你的朋友的。（所以為了他／她，這麼努力地學習）
答對一題的人：你已經盡力了！（摸頭）
沒答對半題的人：我想這應該是我們最後一次見面了，沒什麼餞別禮物可以送你，只好（掏出內褲）。

全答對的朋友：對不起，我想你要終生重修了，你他奶娘的太有天賦了！而 BL 不會讓你失望，「腐」這門學問值得你花一輩子的時間去深究，歡迎你加入我們的行列（燦笑）！

❀外界對於腐女的誤解

這種標題，身為腐女的大家早就看到眼白不能再翻得更徹底⋯⋯但老調總是重彈的背後意義其實很簡單：因為總是會有人不懂。不懂的話，就要⋯⋯過來⋯⋯讓姊姊教你⋯⋯（不要一上來就搞得那麼煽情！）讓我們看一下以下的常見誤解。

宅男之於腐女

事實上是他們連宅男這個詞都用錯了，宅男原本可狹義地指稱喜歡 ACG 的男性，與之相對為宅女；而現在宅男幾乎被拿來代稱喜歡待在家看 Λ 片的變態邋遢肥肚男，好像全世界的刑事案件都是宅男搞出來的一樣。我敢說「真正的」宅男是不會犯案的，被關了他們還怎麼追新番 *7 ！？

*7 準時收看新番動畫（新番上檔時觀眾會很滿足，但也會睡眠不足）。

腐女是總賴在家裡上網、在家等著腐爛的女生

腐女並不會腐爛，更不會發出惡臭。網際網路人人都會上，BL 可不是人人都能看，世上唯一能做得到的神人，只有腐女子！

腐女是同性戀

正如同披薩要 double cheese 才更好吃，男人也是——就因為我如此地喜愛男人，所以單個不夠，麻煩請來兩個，或者更多。拿我老母當例子好了，就在我有天跟她說了我喜歡欣賞男生間的戀情後，果不其然她就急急地問我：「妳愛看男男，所以妳是同性戀！？」早料到會有這樣誤會的我徐徐地回答：「那老爸愛看女女，他也是同性戀囉？」殊不知我根本不知道我老爸愛不愛看百合系列，我當時只是想快速了結我老母罷了（不孝女）。簡單來說，腐是一種興趣，不是性向，喜歡 BL 的人有可能是異性戀、同性戀、雙性戀或誰都不戀。

BL的觸角有可能伸到各種性向的區域（此處專指性傾向）

腐女歧視異性戀與 GL

知道腐女喜歡看男男之後，不知道為何，就開始有人覺得腐女會反對除了 BL 之外的所有戀情。難道很喜歡吃番薯圓，就一定要把全世界的芋圓和粉圓都找來踩個稀巴爛嗎？事實上，腐女雖然有可能不會喜歡看男女戀情或女女戀情題材的作品，但是她們是絕對不會「歧視」BG 和 GL 的，因為只要是真愛，都值得支持啊！

腐女的重心除了 BL 之外什麼也沒有

不才曾經總結了外界對於腐女在生活上的刻板印象，竟然有：功課不好、除了腐以外沒有其他興趣、每天發花癡、沒有人際交友圈……

ふふふ……各位普通人啊～如果腐女的重心只有 BL，哪來那麼多的故事題材呢？喜愛偶像明星的腐女可能寫出演藝圈男歌手夾在兩個男演員之間而無法抉擇的愛恨嗔癡；興趣是郊遊冒險的腐女可能創作出一群男人遇到山難結果彼此在山上那個那個（？）的纏綿悱惻；熱愛邏輯和文學的腐女可能製出兩名敵對菁英相識相殺相愛相摸最後以情侶之姿進行高科技犯罪的長篇小說……

多麼地有才能！興趣多麼地廣泛！嘛，雖然才能和興趣都展現在 BL 上了……（菸）

腐女邋遢、不愛打扮又其貌不揚

不才也稍微總結了外界（有時甚至包含自己人）對於腐女外表上的刻板印象，分別有：素顏、大餅臉、身材不好（包含外擴的小胸部和肥扁的大屁股）、沒有品味、滿頭白髮、戴便宜的眼鏡、穿阿嬤牌內褲、總是面無表情，感覺很陰沉、在家喜歡裸體、家裡很髒亂，不愛整潔。

人邋不邋遢，這要看家教（不是動漫那個家教）；愛不愛打扮，這要看個性；其貌揚不揚，這要看基因；總歸一句，腐女的外觀跟看不看腐物沒有絕對的正相關，像我雖然是一個愛看BL的流浪漢，但是我超乾淨的，只是不包含內心。

腐女即等於同人女

　　這就像有人會認為腐女就是御宅族一樣，事實上，也有只腐三次元的腐女，同人女更不一定就喜歡腐物，而腐女也不見得都會喜歡同人題材。

腐	原創
透過大腦製作成ＢＬ	經由出版社出版的原創作品

同人	包含	人物故事的衍生物(不限次元) 未由出版社經手的原創作品

二次元	三次元
多指動漫人物角色	現實生活中存在的人

一般向	女性向
沒有馬賽克條的	包含乙女向和腐向

以上商品彼此各自獨立
可購買單樣，亦可同時購買。

腐女是一心追求色情內容、慾求不滿的女人

色情、飢渴、野獸、沒有 H 不行、整天只想著大香菇和小菊花什麼的……那都只是假象罷了！！！！！

呃，好啦，其實也不全都是假象……

但腐女為什麼會喜歡 BL？我猜還是因為被男性之間純粹萌萌的感覺給吸引了吧！BL 的本質是個萌啊！H 和 SM 什麼的，終究只是配菜……但是配菜好好吃就是了，有了配菜的正餐最美味！（欸）

腐女一心沉浸在耽美的言情公式裡

有人曾討論，腐女為何喜歡耽美，而不是同志文學的理由是：腐女會在觀看腐物的過程中，不自覺將自己帶入受方的角色，進而產生出美好想像，所以耽美也可算是男男的言情小說。

對於這樣的推論（總結？），我這邊持保留態度和相反立場，總覺得腐女喜歡看 BL 的理由應該是因人而異的，甚至有些人根本搞不清楚為什麼會喜歡上 BL？像我就是。而且我也不會把自己帶入受方的角色……而是攻方。

「女性向」即等於「腐向」

　　女性向作品裡除了腐向作品之外，其實還有包含少女純愛之類的東西。所以，每當出現那種一說「自己想找女性向作品」就馬上被大家用 BL 淹沒的人，我都只能站在一旁默默地向他致上最高歉意。

腐女都不喜歡被稱作腐女

　　「腐女」的確原本是自嘲詞沒錯，也的確有人不喜歡被別人稱作腐女，甚至有人根本不知道自己就是腐女，但就我個人而言，只要對方沒有惡意和貶意，我是不會排斥被稱作腐女的。

當然除了上述，還有很多其他頗怪異的誤解，像是：腐文化受到鄙視啦～腐文化是一種潮流啦～跟腐女混久了會變成 gay 啊～腐女超愛貓啦～腐女好喜歡眼鏡啊～社會大眾到底想幹嘛啦 XDD

腐女的人口型態分布其實與一般人無異啊～有其貌不揚的，有美若天仙的；有溫柔善良的，有邪佞腹黑的；有天資聰穎的，有資質駑鈍的；有蓬頭垢面的，有光鮮亮麗的；有興趣廣泛的，有不問世事的；有熱情奔放的，有文靜害羞的；腐女，就只是個普通的女孩……

只是有邪王腐眼而已！！！！！！（別亂！）

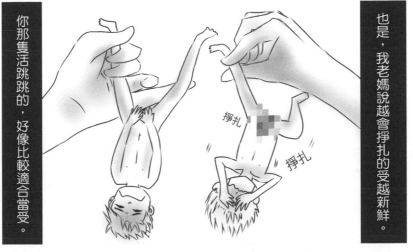

你那隻活跳跳的，好像比較適合當受。

也是，我老媽說越會掙扎的受越新鮮。

掙扎

掙扎

❀判斷攻受的絕招

　　腐女判斷攻受其實就像去菜市場買菜時判斷魚肉新不新鮮那般稀鬆平常，但看在外人眼裡，完全就像卡到陰一樣莫名其妙，呈現了「當局者像團謎，旁觀者搞不清」的狀態。

　　不知道從啥時我兼差當非法紅娘開始，就一直有非腐人士向我打聽腐界的資訊，其中不乏這種問題：「腐女到底都怎麼判斷攻受啊？」一旦我解釋說：「嘛，就是那樣啊～」（妳根本沒解釋啊！！）他們就會開始吵鬧：

　　「我完全不能理解為什麼像掃描器那樣掃過兩個男人就可以馬上判斷誰上誰下！！╰ "╯」「斷定攻受到底有什麼用啊？不就是兩條鐵錚錚的漢子嗎？？ＯＡＯ」「腐女的眼睛好可怕，每次她們看著我，我都會有一種正在被分類的感覺Ｑ口Ｑ」

（那不是感覺，是真的。）「妳不要這樣看著我唔哦哦哦哦哦哦!!我不要當受!!!!Ｏ口Ｏ」（沒有人要你當受。）

　　他們超級吵鬧又超慌張，但是也超可愛的，所以我決定為了這麼可愛的他們來試圖統整一下腐女判斷攻受的方法。

依照劇情（姦情）發展：（邏輯採證大法）

　　她縱觀全局，她掌握關鍵，她釐清線索，她排除盲點，她理性地分析，她謹慎地思考，這些絲毫不敢馬虎的相關動作，讓你以為你眼前坐的是一位FBI⋯⋯

　　殊不知她只是一個重症腐女。

小明Ｘ小華的證據！

第四季第二十三卷上集影片中的1：23：34那格畫面的右上角的水泥地上的小男孩手裡的袋子裡面的鉛筆盒的藍色原子筆上的商標的最下面有證據！

為什麼不叫小華明團，那就是代表了那是小明華團了阿阿阿阿阿阿阿阿阿阿阿阿阿阿阿阿

那就是代表了那是小明華團了

明華團

（勝利的後花園）

（勝利的笑容）

依照自己過去的偏好來判斷：（順從渴望大法）

馬鈴薯片就是要先煎到兩面都微微地傲嬌，進而散發出迷人健氣後，均勻地舖在白瓷盤底，然後任由腹黑的帝王蟹平鋪地壓在上面……

即便這樣的吃法不怎麼協調，但我純粹只是餓了嘛！！！！（任性）

桌號：	低調腐女求生記 BL攻受專賣店						
推薦套餐				**自選單點**			
套餐內容	數量	逆配對否		以下自由搭配			本店所有餐點皆為免費，且食材均為當天直接從原產地運送，保證新鮮美味，請客人安心食用！
帝王Ｘ女王				屬性	攻／受	數量	
鬼畜Ｘ健氣				痞子			
腹黑Ｘ天然				菁英			
傲嬌Ｘ溫順				強氣			
面癱Ｘ變態				面癱			
沒有您的菜嗎？請補充在這裡讓我們知道吧：				小白			
				忠犬			
				渣			
限量飲品（飲品原料請自行指定）				賤人			
	冷／熱	數量		奶油			
腋下的汗液 在　　的腳毛				傲嬌			
的冰滴男兒淚（憂鬱限定）				女王			

喜歡的角色永遠當攻／受：（老娘跟你拼了大法）

愛你，就是要讓你享受至高無上的快樂。不管你今天有多不適合當攻／受，我雙腳一跪，龍袍在你身上一攤……

你就準備上朝了！

聽聲辨位：（男性的嬌喘產生魔力大法）

　　回憶一下，接演受役時嚇壞粉絲更嚇壞自己的子安 *8，想像一下，容易岔音的小華，他要努力地發出高頻。

　　男人之所以能夠成為攻，是因為他做不了受，男人做不了受的原因，是因為我受不了他受。去吧～男人～總攻是你的歸宿，不用嬌喘也是種幸福。

大家吃啥，我就吃啥：（群集互利共生大法）

　　熱的 CP 帶你上天堂，冷門配對讓你住套房，買低賣高是股票市場賺錢的不二法門，但是在 BL 市場，沒有原則就是最高法則……

*8 子安武人，擁有冷酷性感嗓音的實力系日本男性聲優。很適合配帥哥角色，但似乎更適合鬼畜腹黑系的變態役。

　　太太們殺紅了眼，買低又買高，亂買一通，看到就買，無限制購買，然後興奮地握在手裡，到死也不賣掉！

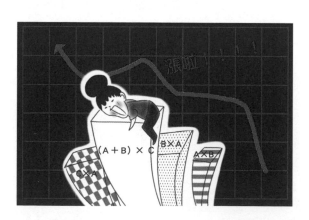

大家吃啥，我就偏不吃啥：（瀟灑的叛逆大法）

你在船艙，我就上甲板，你站船尾，我就站船頭，船頭立著李奧納多和凱特溫絲蕾，我就跳下去。我喜歡在冰冷的海底當小美人魚，誰都別來管我！

遵從第一個接觸到的同人作品：（找媽媽大法）

媽媽，是妳用筆勾勒出了ＡＸＢ，媽媽，是妳含辛茹苦地讓ＡＸＢ變得清楚又鮮明，媽媽，是妳，媽媽，都是妳～即便ＢＸＡ也出現了，妳也會用你強健的勁筆將ＡＸＢ反覆塗抹得異常黝黑粗大。

沒有媽媽，就沒有又黑又粗的ＡＸＢ；有了又黑又粗的ＡＸＢ，眼中再也沒有又白又細的ＢＸＡ。

印痕現象 之偽親子關係 媽媽我要一輩子追隨你

（其實是個男的）

看似溫馨但央求內容很驚人的隊伍

媽媽～ 肉～ 肉～ 媽媽～ 媽媽～
肉～ 媽媽～ 媽媽～ 媽媽～ 肉～ 肉～
媽媽～ 媽媽～ 肉～ 媽媽～ 媽媽～
肉～ 媽媽～ 肉～ 媽媽～

只有相愛，不必做愛：（涓涓細流清水大法）

你知道待命和待機的差別嗎？

如果我叫一個攻君保持待命，那他就要做好隨時提槍上陣的準備；如果我將他切換到待機狀態，那至少在那一刻，他已經失去他做攻君的意義。

輪流壓好開心：（無所適從貪心大法）

互攻始終來自於人性，其真理究竟是因為人類想要物盡其用的精神，還是純粹因為判斷攻受好麻煩所以乾脆互壓？

與其擲骰子、玩猜拳來決定誰在上面，不如排定值日生，一三五是你，二四六是我。

然後禮拜天是她。

為什麼啊？！！！！

我已蓄勢待發…

與ＣＰ直接對談：（靈異現象）

每個腐女都擁有將二次元角色實體化的功能，也都具有穿越國界和時空，與三次元人物接觸的靈力，一旦 BL 配對中的兩人皆已明確向我們表示誰攻誰受，客觀而又中立的我們，當然是選擇尊重當事人的意見。

昨天老王到我夢裡來跟我說，他其實才是受。

好險，差一點就誤會他了……

我這裡才是差一點就誤會妳是個正常人。

除了以上標準十大絕招，也有很多腐人類會培養出一套專屬自己的小招數，例如：吃素的絕對是攻、養狗的絕對是受之類的判斷標準。而當一個腐女將所有的攻受判斷技能練等練到爐火純青的地步，攻受自在人心的涅槃狀態自然也就不在話下了，正所謂太極拳的最高境界就是將所有招數忘記而融於自身精氣神中啊～這乃稱：「萌就是真理大法」。

也就是説：這是連高知識分子都找不出來的問題，所以看看我們有多厲害。

我見我思之BL老梗

老梗就是你閉著眼睛都可以數得出來老媽的內褲有幾件，老梗是你不能再更熟悉的娘家劇情和狗血橋段，老梗就是當一個攻君前腳剛踏進門，你就可以鐵口直斷後腳跟進的是個怎樣的受君，連他屁屁上有幾根毛你都一清二楚，除了在三十秒之內道出兩人的家世背景和層層糾葛，並且還準確地預言了未來會生幾個小孩，這就是老梗。

青梅竹馬

日子過得好好的，三餐也正常吃，更有每天跳鄭多燕外加上社群網站，有一天卻會忽然發現自己愛上了男主角，千萬不要問他為什麼，因為他自己也不知道。每個青梅竹馬的背後都被媽媽裝上了連柯南都無法解除的傳輸裝置，時間一到他們就會被送入未知的領域。

春藥

　　幾乎和氰酸鉀一樣氾濫的春藥什麼時候這麼流行了我怎麼不知道，人手一瓶春藥啊啊啊啊啊啊春藥在大特價嗎！而且只要春藥一出手便知有沒有，成功率是百分之百，哪怕是黑道還是比黑道更可怕的系上學長，最後他們都會軟綿綿的倒在該人懷裡嬌喘連連啊！哪裡有在賣告訴姊姊，姊姊也想買啦！

轉學生

　　轉學生背後會有驚人的家世背景或是神秘的過去，這是鐵律。轉學生永遠是所有類型故事的男主或男二，這是鐵則。轉學生在 BL 裡，最後一定會跟男主或男二在一起，不要鐵齒。轉學生就算不當正宮，最後也會變成小三，鐵證如山。順帶一提，轉學生的座位永遠是固定的，你看。

一夜情

不管您是酒醉，想吐，吃了過期感冒藥還是現在馬上想要，只要打開我們的 BL 一夜情福袋你都有可能會睡到你：

未來的學生／新來的老師／默默暗戀你五年的下屬／從分公司調來的上司／一點都不老的老丈人／老闆青春又美麗的兒子／班上的憂鬱轉學生／每天澆花也順便澆你後面那朵花的好鄰居／朋友的弟弟或是弟弟的朋友／爸爸的朋友或朋友的爸爸／哥哥的學長或學長的哥哥……（欸這遊戲很好玩但我們沒時間了）

絕對超值，慢走不送。而且睡完的隔天絕對就可以見真章，出貨效率之快！

死對頭

　　鬥智片裡的死對頭用腦力對決；戰爭片裡的死對頭用武力對決；恐怖片裡的死對頭用神器對決；動作片裡的死對頭用槍械對決；BL 則讓所有的死對頭最後都在床上對決。

一見鍾情

「我看上你了。」
「我一定會讓你成為我的。」
「你等著吧！」（等什麼？）

　　孩子，這麼中二 *9 又耍帥的台詞你哪裡學來的？
爸爸要代替月亮懲罰你。

　　但更令人匪夷所思的是，對方的回應永遠是：「砰
砰！（心臟跳動聲音）」（臉紅外加轉頭眼睛看地
上）

　　把你掉了滿地的節操給我三秒內撿起來吃掉啊喵
的（握拳）！！！！！！！！！！

同性戀病毒

　　歡迎光臨！這是一個奇妙的世界，在這個世界中
同性戀病毒會透過飛沫／接觸／血液／真空／眼神
傳染，一旦弟弟中槍，再來就是二哥了，一旦二哥
也上了戰場，大哥也下海了，連帶著大哥的朋友，
弟弟的同學，從分鏡 A 角落走過去的路人丙都會中
箭落馬。

　　如果你的炮友一旦把直男掰彎而不要你，放心！
馬上就會有另一個直男出現來讓你掰彎他。我們的

*9 主要是指在青
少年轉變成大人的
過渡期間，一種自
以為是的幼稚言
行。我自己常用的
解釋是：「我看我
自己是神，別人看
我是神經病」。

直男都是放在生產線上源源不絕地運出來，絕對不
會斷貨！

我說過了，這是一個奇幻的世界，歡迎光臨！

好學生／壞學生

好學生和壞學生通常得要是一對這我們都知道。
但不管是好學生Ｘ壞學生，壞學生Ｘ好學
生Ｘ壞學生，又或者是（壞學生＋壞學生＋壞學生
＋壞學生＋壞學生）Ｘ好學生，就是絕對不可以是
好學生Ｘ好學生……

因為他們會面面相覷，不知道要怎麼辦。

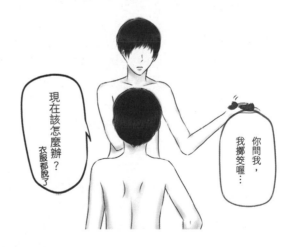

雙胞胎

現在雙胞胎生不要錢的，你看看《我親愛的驅魔師》*10 裡的雪男和燐，《少年同萌》*11 的淺羽兄弟，還有《櫻蘭高校牛郎部》*12 裡的光和馨，以及《夢幻搞基遊戲》*13 裡的角宿和亢宿……

什麼！？你跟我說這些是一般向動漫！！？
你／妳有沒有良心！！！！

來硬的

你不愛我我就硬上你，你愛我我還是硬上你，哪怕你是真掙扎，假掙扎，或是想說觀眾在看還是掙扎一下好了，不管怎樣我就是要硬上你。

而且達陣成功率是百分之兩百啊，你們是怎麼回事！？給我用力掙扎啊！！只要有第一個小受掙扎成功，他就會成為 BL 史上第一人。

然後別再用春藥了！不然我們就要回到第 2 個項目了。

BL 老梗之多猶如過江之鯽，為什麼我只挑了這幾個？有人已經發現其實這些梗根本是我本人自己喜愛的嗎？（掩面）對不起其實我是老梗的愛好者請鞭打我吧，話說老梗像酒一樣是越陳越香啊～（梗是老的好）

*10 即《青之驅魔師》，加藤和惠的作品。一部讓惡魔之子淪為賢慧人妻和兄控教師的漫畫（大誤）。
*11 即《少年同盟》，堀田きいち充滿青春氣息的治癒之作，描述一個哈比人對抗四個進擊巨人的溫馨小日常。
*12 即《櫻蘭高校男公關部》，葉鳥ビスコ的作品。一名少女陰錯陽差進入男公關部並跟著美男們一起過著接客日子的故事。
*13 即《夢幻遊戲》，渡瀬悠宇的作品。是描述一名女高中生進入了異世界後周旋在各男子之間並且努力（？）拯救世界的漫畫。

但，真正的老梗其實是：

HHHHH　　　HHHHH
HHHHH　　　HHHHH
HHHHH　　　HHHHH
HHHHH　　　HHHHH
HHHHHHHHHHHHHHH
HHHHHHHHHHHHHHH
HHHHHHHHHHHHHHH
HHHHH　　　HHHHH
HHHHH　　　HHHHH
HHHHH　　　HHHHH
HHHHH　　　HHHHH

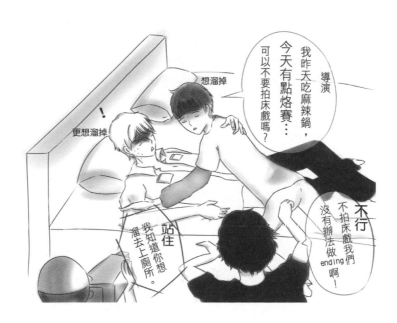

❀ 我見我撕之BL雷梗

夜路走多了難免會踩到屎；BL看多了，也難免踩到雷。踩到屎的感覺我並沒有經歷過，不過我卻可以告訴大家，踩雷的當下整個人會裡裡外外晴天霹靂到焦掉，事後回味雷雷的劇情會倍感鬱悶氣結導致整個人很想吐血。所以雷梗是什麼？雷梗就是雷到讓你不蘇胡的梗。

亂倫

「美少年愛兒之養成計畫」

「只要我長大之反攻爸爸大作戰」

「無良二等親的淫亂逆襲」

「貴族的憂鬱早晨，叔姪的愉悅夜晚」

「弟弟好大，哥哥好怕」

「爺爺……」

嗯……其他的我能夠理解，但，爺爺他……到底能夠被拿來做什麼呢……

生子

請不用擔心少子化的問題，更不必擔心一胎化政策帶來男多女少的狀況。因為男男生子的異象，將為我們一次解決這兩種社會現象。

太醜

在這個內在美並不能當飯吃的世界中，即便外型不佳也毋須消沉，就像小清水詩織 *14 說過的經典名句：「把阿康擬人化吧！」對！就算你長得再怎麼悖離人道，我們都可以把你，擬人化。

獵奇

我記得我看的是 BL。是男性人體間器官的接合，不是男性人體內器官的四散啊啊啊啊！（孟克臉）

*14 為作品《少年啊！要光耀耽美》中的重症腐女。

啊！伊藤潤二你什麼時候開始畫 BL 了啊！把富江藏哪去了給我滾出來！！！（孟克臉到達極致）

人獸

人善被人欺，這是在普通世界裡面的好人。人醉被入侵，這是在 BL 世界裡面的老梗。人帥大家騎，這是被重症腐女意淫的男人。

人人被馬騎……乾！這是異世界！快逃啊你！！！！！！！！！！

多P

俗話説：「獨樂樂不如眾樂樂」，一個男人雖然只有一個巢，但我們都知道，一個巢不是只能住一次，更能一次住下很多隻鳥。

押錯攻受

妳以為眼前這個男人已經很強了嗎？不！他後面還有更強的！妳以為一秒變格格已經讓妳很崩潰了嗎？不！一秒變受君才會讓妳直接通往極樂世界！

妳滿心歡喜高喊這是攻這是攻，還叫街頭巷尾都出來看，結果他一個 move……就被壓在下面。

觸手

就物種多樣性而言，觸手是 BL 界的第三大手，其分布的廣泛程度，從受君粉色的胸部到顫抖的鼠蹊部、翹挺的臀部到緊窒的內部都可見其蹤影。順帶一提 BL 界的第一大手是攻君的手，第二大手是你的手（不重要）。

把手給我拿開啊！

男男八點檔

如果說 100% 可掰彎的直男是放在生產線上源源不絕地提供，那麼小三肯定是擺在直男旁邊一起源源不絕地出貨，滿額贈品是前情人，超值好禮是用膝蓋都能解開的誤會，而領頭櫃姐姓中村。

偏偏這樣的八點檔公司，業績一直都是第一名。

矮攻

君子坦蕩蕩，小人長雞雞，受君在床上不一定就坦蕩蕩，攻君身高如小人也不一定雞雞就長，雖說攻君主體是雞雞，但我們也不可以對雞雞放置架沒要求……是說這句本來也不是這樣用的對不起妳可以鞭打我。

只是我們來看一下金靂和勒苟拉斯站在一起的畫面有多悲傷，最後勒苟拉斯被亞拉岡擄走了，金靂在後面還追不上。

誰都可以來惹他媽的小矮攻，誰都可以。

「同是天涯腐女人，相逢何必互相雷。」我來解釋一下這句話的意思，雖然我就是在亂造句，但它是說：「平平都是腐女子，你他嗶嗶的幹嘛沒事寫出這些梗來把人雷到香酥脆，這些應該要叫做【老子見你一本就爆破一本之 BL 堵爛梗】才對啊！」

不過，誰說你的雷就一定也是我的雷呢？我的萌點也可能讓你看了血管瞬間爆裂啊！所謂的雷梗，其推陳出新也不過就是證明了變態之路是沒有終點的（菸），而這時如果你三生有幸遇到那些可以用好文筆、好畫技和好劇情把雷點變成萌點的大神們，就能從白龍進化成青眼究極龍了。沒錯，你現在看到的我，就是青眼究極龍的半完全體──上面的大部分雷點我已經越嚼越有味道、越嚼越香，越嚼吃得越開心了。

但，即便是如此無姦不催的我，至今仍有很難克服的雷點，我必須要很認真地說，那真的就是：

沒有 H。（無法不吃肉的人）

❀ 我見我嘶之BL迷思

相信不少腐女都曾自詡為性愛專家（僅限男性之間的），但實際上她們到底有多了解男性的身體，我們從市面上琳瑯滿目的玫瑰色奶奶頭和菊花就可得知。這時或許你會覺得身為男性的腐男肯定好得多，但他們除了看見自己的菊花不是粉色的以外……他們會認為其他人的菊花都是粉色的。這就是完全融入進你潛意識的迷思，以下這些也是。

襯衫和領帶的關係

這對在同一個衣櫃裡長大的兄弟，一出生注定不同命。一個黝黑粗勇，一個白皙纖弱，一個內建鋼筋，怎麼綁人都不會斷掉，一個紅顏薄命，攻君一摸就瞬間爆破。

利用回收的衛生紙製作襯衫
獨家踢爆
受害者現身說法

「只是想和K君一起去吃飯卻在餐廳中央忽然一絲不掛……」
（不願透露姓名）（16歲）（美國）

不肖業者
近日，本報收到多名男性的投訴，表示身上的襯衫只要被其他男性不小心擦撞到即會瞬間四散，令他們顏面和貞操都盡失。

本報記者在深入追查後，發現這幾名男性所著襯衫後頭皆印有「made in BL」的字樣。

不要碰我…

電梯緩慢到像是故障

「您好，歡迎蒞臨 BL 中心，請問兩位先生到幾樓？」

「148 樓！」

「先生……這樓層數有點太……」

「有點太怎樣！？」

「有點～太少了。根據你們等一下解開誤會和打情罵俏的台詞量，少說要再多個 80 樓才夠。」

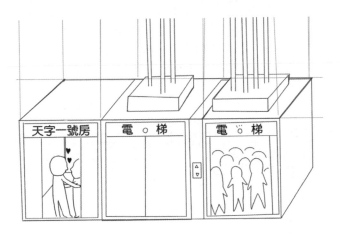

動物不要亂撿

媽媽的話，永遠是對的。周杰倫難道沒跟你說過嗎？千萬別在路邊亂撿小動物回家，牠當天晚上會變身喔！變～身～

如果是大動物就更不得了，那我們隔天就可以看
到對方在陽台大抽事後菸，而你縮在牆角哭。

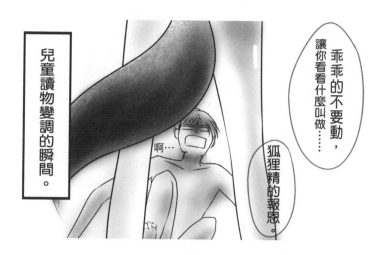

兒童讀物變調的瞬間。

啊…

乖乖的不要動，
讓你看看什麼叫做……

狐狸精的報恩。

穿越的人口沒有上限

信 BL，得永生。為什麼呢？因為……你是男的，
死了，穿越，變成男的。妳是女的，死了，穿越，
變成男的。你是隻貓，死了，穿越，變成男人。你
是人妖，死了，穿越，變成女的，啊，錯了，再死
一次，轉世，變成男的。

有 BL 之神在，你想死還死不了，怎麼樣都死不
了，說什麼都不讓你死。

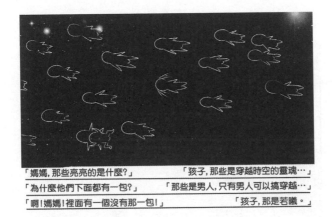

「媽媽,那些亮亮的是什麼?」　　　「孩子,那些是穿越時空的靈魂⋯」
「為什麼他們下面都有一包?」　　　「那些是男人,只有男人可以搞穿越⋯」
「啊!媽媽!裡面有一個沒有那一包!」　「孩子,那是若曦。」

BL 派的獨門武功

　　「東邪」黃藥師的彈指神通可謂武林絕學,其指法之精微奧妙絕非一般人可以參透。「天下五絕」之一的南帝段智興,更是以其大理段氏的一陽指稱霸天下。更別提林志穎的六脈神劍,完全將一陽指深厚的內力化作無形媚氣,以此讓胡軍心花怒放。

　　不過再怎麼厲害的指法都比不上我們攻君,他右手一出,指頭一戳,瞬間就能找到受君的前列腺!

手指難得生得這麼長,
不拿它來探穴⋯⋯

要拿來做什麼呢?

不需要進行浣腸的通道

「一號房的客人們，請問有需要浣腸液的嗎？」
「我們不需要。」

「二號房的客人們，請問有需要浣腸液的嗎？」
「不需要，謝謝。」

「三號房的客人們，請問有需要浣腸液的嗎？」
「……已經來不及了……」

「四號房的客人們，請問有用過浣腸液了嗎？」
「浣腸液？那是什麼。」

「五號房的客人，請問有聽過浣腸液嗎？」
「蛤？……please in BLnese.」

「六號房的客人，請問閣下是 BLnese 嗎？」「不
是……我是真正的同志……」

「那麼六號房的客人，請問有需要浣……」

「不需要……但請給我瓶強效清潔劑。剛剛五號
房的客人說要跟我來一炮……結果……」（電話那
頭傳來嗚嗚的哭聲）

受君器官透視圖

真的沒有人記得
菊花真正的功用了……

→ 攻君專用道
→ 消化道

受君的屁眼沒有極限

俗話説，沒有最恐怖，只有更恐怖。

究竟繼苦瓜～牛排～逗貓棒～ new iPad ～攻君～
聖誕樹～台北 101 等東西之後～～

我的邏輯和生物老師會不會也被塞進去、然後消
失在受君的屁眼裡。

強行突破究竟死的人會是誰

如果說硬上的成功率是百分之
兩百，那攻君被夾斷的機率大
概也不會低於百分之五十，小
菊兒看似小巧可愛，一縮一放
對你打著招呼，實際上卻會對
你胯下寶貝施以——絞刑。

一夜七十次郎

　　每個欲仙欲死的男人背後都有個精液充沛的男
人。有如消防車再世，源源不絕的水柱不斷噴射，
只為了解救被莫名慾火包圍的另一個男人，每一個
攻君，都是勇敢的打火英雄。

　　只是我必須要說，奶奶的，這種量拿去校慶打水
仗真的一點都不怕不夠用啊！

　　老梗之所以為老梗那是因為大家知道它是梗，是 set 好的，而迷思則已經完全融入進妳的大腦思考模式，常駐妳心。有一天妳的孩子看完了妳珍藏的 BL 書，然後邊挖鼻屎邊跟妳說：

　　「媽媽，這完全不科學啊。」
　　「你、你這孩子再亂説話，媽媽今晚要叫亞斯藍用背入式好好懲罰你喔！」
　　「媽媽，亞斯藍只是條狗……」

　　或者是：

　　「兒子，明天旅行的衣物我都放在這裡了，你自己把它們裝好喔～」
　　「媽，行李箱呢？妳沒拿出來啊！」
　　「行李箱？……兒子，那種東西我不是已經生給你了嗎？」

　　然後你將會聽到「嘎嘎嘎嘎嘎嘎嘎嘎嘎嘎嘎嘎嘎～」的聲音，那是兒子淒厲的叫聲。所以説，迷思的存在多恐怖（不不不、恐怖的是有個腐女症末期的老媽吧……），不過沒有迷思存在的 BL 絕對會更恐怖就是了（大用浣腸劑什麼的）。

我見我濕之BL羞恥play

　　幾經思考，到底該怎麼解釋羞恥 play 這個意象，我想還是讓大家「從實踐中學習」會比較好——我強烈要求不知道什麼是羞恥 play 的朋友，請吆喝目前離你最近的一個人來與你一起觀看這篇文章。這樣一來，你一定也會像我一樣，眼角濕濕的……

演獨角戲：「你自己做給我看。」

　　不管是自己撫摸自己，自己搓揉自己，自己挑逗自己，自己打出自己的小小自己，把自己的手放進自己裡面，

　　這些都好比孤零零地在牌桌上，自己洗牌，自己作莊，自己碰碰胡，自己收錢，而其他三家都坐在邊上冷眼旁觀你玩一人麻將那樣悲傷……

　　既然有牌友，為什麼，不一起打呢？

屈辱 play：「怎麼樣？被討厭的人佔有的感覺。」

　　這個人，明明就是自己從小到大最痛恨的人，明明就是連瞥一眼都不屑的人，明明就是狠狠搶走我一切的人……

　　現在卻是，搶走我貞操的人。

全民視姦運動：「大家都在看著呢⋯⋯」

不只喜歡的人在看，熟識的朋友在看，認識的人
在看，陌生人也是，像是一場大型宗教活動⋯⋯

大家都在，看著呢⋯⋯

被大量的自己刺激：
「你自己看看，你的這裡，相當有精神呢……」

當自己像女人一樣的喘息聲惡魔般地侵入自己的
耳朵，當自己與對方交合的野獸姿勢映在光亮潔白
的鏡面上，你明白了「自己」的一切是讓你臉紅的
來源和關鍵……

你明白了為什麼長輩總說：「最大的敵人永遠是
自己」。

魔鏡啊魔鏡～請你告訴我：
誰是這世上最淫蕩的男人～

好，沒問題。

因為……

鏡子我，

每天都他娘的在看一堆男人做愛啊！

寶貝快看～

我不要這樣～

資源回收再利用：

「把這個舔乾淨，這不是從你自己身體出來的東西嗎？」

不管是自己的東西自己吃掉，還是自己的東西被對方吃掉，我們都忘不了家中有小 baby 在地上爬的時候，什麼東西都撿起來吃的情景，現在正在床上的這兩個男人，他們也一樣……

讓我不禁懷疑：他們到底，有多餓呢？

凡事學著自己去爭取：
「想要的話，就自己説出來……」

光看標題還以為會是什麼了不起的勵志專題：
「白洞，白色的明天在等著我們！」「就是這樣，
喵。」但其實想要的東西究竟是什麼充滿肉慾的馬
賽克，在這裡的大家都知道，它只會變成這個——

「黑棒，黑色的棒棒在等著我們！」
「就是這樣，啊哈嗯～」

神秘道具：「這個真適合你……」

BL 裡的每一個 gay 都是個模特兒，正如同每一個
模特兒都是 gay。欣賞美麗，是人的天性，製造美
麗，是人的本性，而美麗的模特兒，則讓我們腦裡
充滿了性，欸，不是。

模特兒身上擺什麼都好看，放什麼都不奇怪……

但奇怪的是旁邊這個。

該露的地方露？

言語調戲法：
「嘴上說不要，身體倒是很誠實嘛⋯⋯」

　　Man，除了胯下的那把長劍，言語也可以化作踐踏對方的利器，不是你平常叫他別再打電動了或不要射在裡面他都聽不進去嗎？現在該是時候好好地懲罰他了——

　　在他耳邊為他實況他每一處的生理變化吧～

當一隻海洋公園裡的海豹：
「就是這個姿勢，好美啊。」

　　耽美文化展現了人類的各種不可能，除了充分活
用了人類的咀嚼肌和括約肌以外，只要長在男人身
上，其每一處肌肉和骨骼都不會放過，我們強烈要
求，男人的任何一種姿勢都要是異於平常且羞於見
人的。

再傾斜一點～

這樣嗎？

祕密任務：
「確定不現在求救嗎？錯過這個機會，你可就永遠
屬於我的了。」

　　正在被對方 XXOO 的時候，此刻卻有不知情的人
快要闖進這個空間，成為幸運的現場觀眾。處在不
咬緊牙關，呻吟就會一瀉千里的當下，卻還要撥出

空閒神經來隱瞞外頭的那位仁兄……

　沒有比這個更令人興奮的事了（欸，好像哪裡不對）。

　身為一個稱職的紳士，我必須要說：我真的很愛羞恥play，好想對別人做一次（X）。而且這些玩法不只限於攻君對受君喔～如果立場相反更是別有一番風味呢（悸動）。嘛，不過說實話，這些真的是很強力又暴走的腦內妄想啊，希望寫了這個以後，不要真的有人付諸實行就好了。（違心之論）

✱ 在死前要做到的事

　　究竟人活在這世界上，有多少時候對得起自己且對得起別人呢？很多人庸庸碌碌地過完了一生，最終都不知道是否真正找出了自己存在的價值。腐女腐女，雖然是腐女，但仍想認真生活的我，期許以這篇平和又勵志、又不知道是什麼的鬼東西，來勉勵自己能成為一個完人，完全很糟糕的人。

懷抱一個美麗夢想

　　人因夢想而偉大，雖然，腐女的夢想建立在妄想上。

試著重新認識世界

　　當妳98歲才開啟新世界的大門，妳覺得委屈嗎？汗顏嗎？腋下癢癢嗎？這些其實都不重要，只要能在漫長的一生當中曾經領悟到萌的真理，就算只腐了一天，妳也值得腐女這個名號。

您好，請問王太太在嗎？
這是她所訂購的
腐世界入門指南。

（標榜三小時之內到貨）

一小時的腐女……？
南瓜馬車的既視感……

王宅

她兩個小時前剛過世，
書交給我就可以了……

我是她曾孫

（淚流不止的原因很複雜）

訂定人生目標

20 歲的時候要找到第一份工作；30 歲的時候要擁有一台自己的代步車；40 歲的時候要跟家人窩在買來的房子裡；50 歲要看著自己的小孩從高中的校長那裡領到畢業證書；60 歲⋯⋯70 歲⋯⋯妳這麼計畫著，可是卻在 10 歲那年就看了激 H 的同人小説。

做一個正直的人

有一天，妳要能以誠摯清澈而無半點虛假的眼神直視坐在妳面前的人，然後意淫他！

心靈復原力的培養

與別人的 CP 交流即是一場賭注，無論對方是圓是扁，是善是惡，是 S 是 M，你們之中總有一人會受傷。此時誰 HP 值回復得比較快，就是屬於比較沒節操的那一方。

保持自信與沉默

不須如驚弓之鳥那般刻意隱藏，當別人問妳是不是腐女的時候；不須像里民廣播那樣大聲宣張，當妳因為萌而陷入 BL 狂熱之時；有時候適當地保持沉默不是自卑自憐、踐踏身為腐女的尊嚴，而是種圈內人自嗨自爽、低調的奢華。

永遠陽光的生活態度：

　　在追尋男人 X 男人的道路上，妳可能會遇到不斷
追問妳到底在看什麼的煩人老媽；可能會遇到跟妳
搶書看的腐男老爸；可能會遇到對妳大罵三字經，
叫妳不要妄想他是總受的總受弟弟；也可能會遇到
四處散播妳喜歡看雜魚強姦肌肉男這件事的白目妹
妹。但，這些人生道路上的困難和挫折都難不倒
妳，因為妳整個人早就完全走偏了。

就連走偏了的道路上
還可以走得更偏…

平常且安全地成為一般女性
目標是溫良恭儉讓

請注意！

一般腐女子
已經很危險

腐女子奇行種
超級危險

凡事謙恭有禮：

　　不隨便戰 CP、辱罵自己不喜歡的原作、對作家
進行人身攻擊、歧視朋友萌的配對、用言語強暴三
次元的男性、把從鄰居那偷來的兩條四角褲疊放在
一起……很多時候只因為一念間的隨便，就造成了

對別人的傷害，若這些都能用禮和理加以包裝，那麼再怎樣不上心的內容，都可以變成一份別具意義的禮物。

養成良好睡眠習慣

熬夜創作 BL 或閱讀腐物，現在常常被誤解為一種極致的生活方式，這樣的人類透過燃燒自己生命的方式以獲得萌能量，但事實上，真正極致的腐人類應該是在夢中也能腐得死去活來。

身體的訓練與保養

不管天生條件如何，維持健康的體態是必要的，妳應該像大海中一道沉穩而靈活的水流，強健、但富有彈性；妳應該像草原間一頭蟄伏而待起的豹子，擁有在場上橫掃所有同人本的威力。

學會拒絕

如果妳渴望按照自己的想法搭配 CP，妳真的可以溫和而堅定地跟對方說：「我真的不萌這對。」

豐富自身內涵

上至對著護衛搖屁股好比瑞奇馬汀的淫蕩皇帝，下至被中情局特務「盯」上的小小公務員，左至整天泡 bar 泡到菊花浮腫的花花公子，右至每天清晨起來打掃寺院順便被火星人推倒在階梯上的俊美住持，妳的劇本裡應該要有多一點的可能。

保持環境的清潔

當我們已經沒有辦法保持自身的乾淨和確保別人的舒適時，就更要讓周遭的環境變得乾淨舒適。

嘗試突破自我

無法被攻的無法當個好攻，所以，別總堅持自己是總攻。

獲得專業證照

比如說「一分鐘內能說出 600 個 BL 體位」的特長，「能同時意淫10086個男人」的紀錄，或是「能準確判斷攻受類型」的分析技能，雖然這些能力在日常生活中一點屁用都沒有，卻可以使妳擁有自我感覺良好的成就感。

做好理財規劃

「一個腐女一生要花多少錢？」這是看過此篇文章的所有人不敢面對的問題，包括我。

由衷地感謝父母

在妳（因作家棄坑而）徬徨無助的時候，是誰在背後予以安慰？在妳熬夜苦讀（BL）的時候，是誰送上一杯溫熱的牛奶？在妳（因買太多書而）經濟拮据的時候，是誰永遠提供一個令人心安的歸宿？更重要的是，當妳的同學都是正常人的時候，是誰給妳生了一個好（糟糕）的腦袋？

養成閱讀的好習慣

三日不讀腐書便覺面目可憎⋯⋯別人的。

沒事就去做做義工

閒暇之餘，不是往電影院、KTV 跑，而是不計利
害或得失，任另一種勞動和忙碌中，體會人性的單
純，感受心靈的充實。（但 gay bar 禁止！）

結交知己

每個人在一生中都該結交幾個知己，知己就是懂
你的人，知己就是你可以跟他交心、交易、交融、
交媾、交歡、交尾⋯⋯（喂、一口氣介紹了好多汙
穢的詞啊老師！）

做同志的朋友

妳或許可以不認同三次元人類的皮囊和體毛，但妳不可以不認同他們勇於追求自己真愛的決心和毅力。當妳沉浸在二次元帥哥的青春胴體中時，他們正在同志遊行上流淚流汗，只求擁有可以和愛人共組一個家庭的權利。

以上我認為（光看標題的話）絕對不是廢話，根本就是台灣好青年尊敬長輩、友好同胞、不打手槍健康生活遵守條規，大家應該都發現了⋯⋯發現了我其實就是這麼正直的人。如果大家都能一起，這樣我們就能充滿自信地告訴爸爸媽媽：「看 BL 的小孩不會變壞⋯⋯⋯」

「只會腐爛而已。」

【真摸不透妳】

看著男性曖昧、萌萌的劇情，心情非常愉悅，但是當
忽然發現那兩個男的真的是在搞基之後，反而沒有這
麼開心了。（所以身為一個稱職的男性，就是不能真
正的喜歡上男性。）

Ch.3

求求妳不要摧毀　我的世界

不是腐女只看BL，而是腐女看什麼都BL。

大家都什麼時候看 BL 呢？

是生擒竊賊（兩個）的時候？

不過並不是用犯罪行為去譴責之。

是生產的時候？

是生物實驗的時候？

是生日的時候？

請注意！
一：人類的記性始終[不會看到]。
二：人類會[依照各種名義]送禮。
三：而送禮的對象往往是[自己]。
四：因沒有人會沒事送人ＢＬ。
五：錢包君有[自己的一套正義]。
六：Ｎ０.6不是ＢＬ（才怪）。

是生病的時候？

還是生活的每個時刻呢？欸，肯定是這個答案了吧！身為一個稱職的腐女，當然是把握每一分每一秒不斷進食啊，就算不開啟腐女腦，有時單純地欣賞別人的妄想也是件很愉悅的事，身為讀者永遠是快樂的，是圈子裡的最大贏家。雖然我根本不在乎稱不稱職這件事啦，老子就只是想看。

BL，和我們的生命息息相關，是生活不可或缺的一部分……生活的每個時刻都很適合看 BL。開心的時候看 BL，就可以更加開心；情緒不佳時，想想 BL 劇情的輕鬆和受君肉體上的痛苦，就可以適度地轉移注意力；被媽媽海削一頓之後，哭著跑回

房間裡，第一件事就是先打開禁忌的書櫃，化悲憤
為看 BL 的力量，然後一個小時過去，又出去和媽
媽一起共進豐盛的晚餐。

生活中的壓力源都被放在天秤上的彼端，與 BL
相對。當壓力變大時，你就有一股欲望想要加重
BL 那端的進食量，一旦 BL 的總量重得往下沉了，
另一邊的壓力端就輕輕地升上來了、變得微不足道
了。

腐物簡直就像是淨化一切的 kamisama，給我們
力量，把我們的心靈變乾淨⋯⋯然後再變髒。

✳ 學習之神是站在腐女肩膀上的

怎麼標題有點像泰國鬼片的感覺……但其實本人只是想表達「學習之神是站在我們腐女這邊的」。能說出這種不要臉的話並不是沒有根據，每當看到外界給腐女這個族群貼上「功課不好」的標籤，我就滿腹委屈，雖說自己不是滿腹經綸、學富五車，但好歹說出的話也是頭頭是道、有條有理。（咦？怎麼一下子流了這麼多汗……）

遙想學生時代，自己究竟是怎樣克服不拿手的科目，那畫面簡直就是一團馬賽克。以至於一直以來在分享念書的技巧給學生時，都只能在老師本身的聰明才智以及念書可以使把妹的漫長歷程縮短三千五百六十二步上面打轉。

大家都知道丁日昌、沈葆楨和劉銘傳三位大人，但就是不知道大人們各自做了什麼事，這次我們將以小丁、小沈、小劉三人組來當範例，分別講述這些大人們做的「只有大人們能做的事」（欸）。而現在我們只需要兩個步驟：

一，看著他們的事蹟，然後……
二，閉上眼，把查克拉集中在大腦中腐爛得最嚴重的那區。

接著你就會看到……

鑑定結果：健氣攻（天然屬性）

事跡一：嚴禁漢人欺壓番民。

人物：丁大人

大人…

不可以欺負
（我愛的）番民！

後面那坨坨粉紅色的氛圍
是怎麼回事……

其實您只要一聲令下就好了……
為什麼要自己出來擋？

鑑定結果：健氣攻（天然屬性）

並錄取了第一位原住民秀才。

事跡二：重視原住民人才培育，

（小鐵）

（到底是在培育什麼呢……
這個我們並不知道……
但是也不重要…。）

原住民最可愛了！
原住民的大家都是天使。
BTW我最愛小鐵了。
小鐵不僅學問好，床上功夫更是一流。

哈哈哈哈哈哈哈哈哈哈哈哈
（來自一名笑得跟天使一樣的大人）

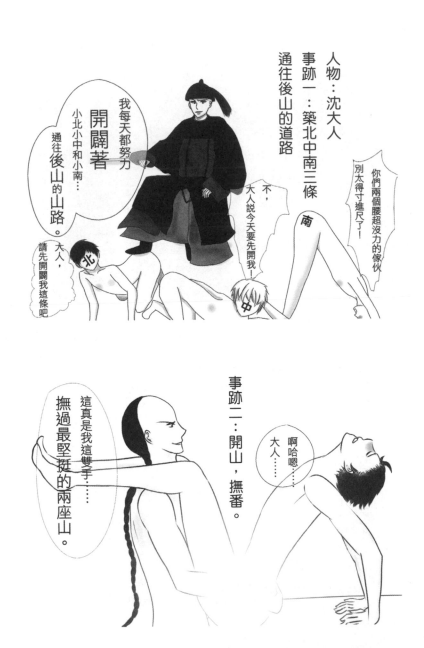

如此不堪入目但又歷歷在目的景象，雖然非常不可取又有褻瀆前人之虞，但不可取的部分沒人要你把它從腦袋裡具象化給別人看啊！更何況正在褻瀆前人的人是我（捻鬍鬚）。　圖像記憶、故事串連學習法真的是我有生以來覺得最有用但沒幾個人能用的學習法，可腐人類根本不用擔心想像力這問題，連人體都能好好地串連起來了，還怕什麼故事生不出來呢？

只要你記住三點，就能好好運用你的超能力了啊！

一，幻想（這點你已經做得很好了）。

二，大量的幻想（這點沒有人可以做得比你更好）。

三，創造出屬於自己的一套邏輯：也就是攻受要分對、題材要精準的意思（攻受一分對，你腦袋上方的燈泡就會亮），而且劇情越誇張越好，越誇張就越有用！

不過想像力好用歸好用，可不要亂用最後導致失控啊！

比如說 1+1+1+1+1+1+1+1+1+1= 多少？

你永遠只能得到 -33333333333，為什麼呢？

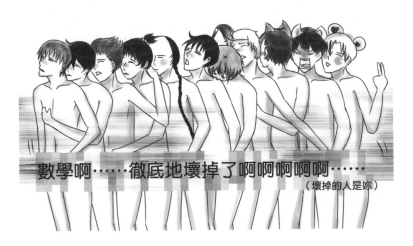

1+1+1+1+1+1+1+1+1+1 = -33333333333（數字）

🙍 + 🙍 + 🙍 + 🙍 + 🙍 + 🙍 + 🙍 + 🙍 + 🙍 + 🙍 = -33333333333 （串燒）

數學啊……徹底地壞掉了啊啊啊啊啊……

（壞掉的人是妳）

　　看吧，死了吧。BL 的想像力也是要運用得當才
能發揮作用的。最後，我想先跟小丁、小沈和小劉
的粉絲說聲抱歉，為了我的學習他們犧牲了貞操，
真是可敬可佩！

　　謹以此篇獻給每天都在考試的你，即將要考高中
的你，即將要考大學的你，年年要考大學的你，剛
脫離考生身分的你，意外又要變成考生的你，不想
當考生還是非當不可的你，曾是考生的你，十年後
會是考生的你，肚子裡有未來考生的你，身體某樣
器官有未來考生們的你，你們真的很棒。

　　嗯？怎麼？你說你很感動嗎？這些真的都沒什麼
啦……我只想問你：

　　「都要考試了，你把這本書打開做什麼？」

這樣的腐女不瘦也難

我們都知道減肥要靠意志力，那意志力要靠什麼呢？別傻了，你忘記後天是節操君和意志君的聯合公祭嗎？記得要去參加！他們兩個都已經離開我們大家很久了，真的好懷念。

記得之前自己說過：「冬天這個萬惡的季節是身上肥肉的叛逆期，在這段期間不管你怎麼喊它、詛咒它、威脅它，肥肉總是和你對著幹！」但是我錯了，我要在這裡向大家致歉——肥肉不是只有冬天才會不乖，肥肉的叛逆期是永遠的，而最萬惡的也不是冬天，而是一找到機會就不停進食然後又逃避一切運動的自己。

我們可以看到坊間有好多迅速切肉的減肥法好像很有成效又立竿見影很吸引人，但我一個也沒有試過，因為我始終相信最健康的減肥方式是良好的飲食習慣搭配適當的運動。雖然因為我家有個做菜會發出萬丈光芒的特級廚師，所以我良好的飲食習慣就這樣升級變成了帝王的飲食習慣，但是運動這方面的功夫還是可以下足的啊～

運動這種東西真的不用像攻君和受君一樣每天做，一次也不用像他們一樣做很久，只要動作確實到位就可以了。重點不在於妳的體位有多麼厲害，而是持久性。長期的持久性很重要，如何讓無聊又累得要死的運動變得有趣而讓妳一直做、不停做、死了都要做，對！就像妳堅持每天一定要照三餐上爛某人一樣，那就有賴妳腐女的超能力了。

　　首先來看有氧運動：有氧運動主要在增進心肺功能，特別是我們碩果僅存的一部份心肺已經不太夠了，所以我們得讓它們變得更強健，血液循環才會變得更好，伴隨著肌肉耗氧量的增高，脂肪也會加倍地燃燒。雖然很不想承認，但跑步的確是運動之母，也是最好達成的有氧運動，尤其在獸性大發的腐女身上，更好達成了。

　　接下來談談體操：體操不僅能舒緩下肢壓力，更可舒緩幻肢壓力，所以有空就要常做。請不要覺得塑身操的動作常要兩腿大開或是比劃奇怪的姿勢很羞恥，因為接下來我們要用更羞恥的想像去塑身。

來做體操吧～ **想像力是妳的意志力** 範例：痛苦不堪直角人　功能：修飾雙腿線條

這動作持續8個八拍，休息一下再繼續……但如果你精力充沛，可以考慮做到自然醒。

　　有氧運動和塑身操並進絕對是最棒的搭配，哈嘶哈嘶喘氣的同時也要注重腰力和肌耐力，我們都知道下半身決定了妳的全身！而 BL 卻可以控制我們的下半身。用不健康的心態來達成健康的體態，這究竟算是健康還是不健康呢？但這些都不重要了，因為我們看到了在被戳刺到死去活來的受君背後，都有個身材火辣的腐女，嘿嘿。

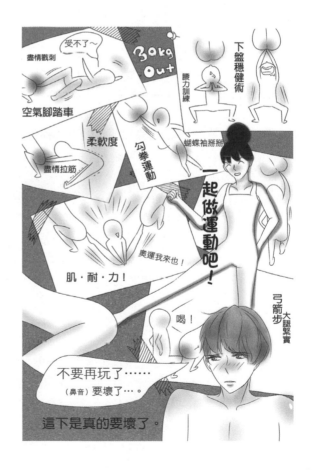

✿ 愛的修行之旅

　　迷人的景致、清新的空氣、沁涼的飲料，由碧海藍天和比基尼美男彼此追逐扭打乃至把對方褲子扯下來所組成的夏日，那叫做旅遊，是種快活，是種享受。而在寸草不生、岩層裸露的峭壁上直腰打坐七七四十九天完全都不進食，那叫做修行，是種考驗，是種折磨。

　　當一個人一腳踏入腐圈，即開啟了屬於自己的原罪。在成為腐界之徒之後，必須步步為營，必須小心翼翼，因為走錯一步，不是雷到自己就是雷到他人，兩種情況都不會太好的。所以積極向上如我們，總是希望能立即展開一場夙夜匪懈、狂風暴雨的修行，計畫著透過一連串的技巧磨練、累積經驗和基因突變，可以直接從神奇寶貝進化成數碼寶貝。（不可能）

　　旅遊的時候要有導遊，修行的時候則需要一個會時時刻刻蹂躪你鞭策你鞭打你的師傅，但到底是旅遊還是修行，端看你如何去看待一件事、還有面對它的心態為何。不過通常腐女們都會很一箭雙鵰地將旅行和修行合併，讓它成為一場既痛苦同時也愉快的修行之旅，就像是受君被進入時也是既痛苦又愉快那樣。（這句話是多餘的）

　　修行之旅可以是自己一人在角落大玩獨孤求敗，然後過完一生都還不知道「世界上其實還有其他同類」的遊戲；也可以是你殷勤而又陰險的師傅把你領進門之後非但沒走，還巴著你大腿不放，要求

陽光・沙灘・人魚線

學業有成的你回饋給他很多東西，至於是什麼東西……只能說是很多東西，像是肉文、肉文，或者是肉文。

　　每個人都有過在腐路上從小雞變成阿諾史瓦辛格的心路歷程，也是古人口中的千里之行始於足下。雖然大多數腐女根本就不是用雙腳在走而是用飛甚至是噴射的，但總之不管行進速度是快是慢、每個阿腐性別或男或女，這場修行旅行並存的歷程又或者是名為修行的旅遊，基本上都會陷入同一公式。

　　我們也可以稱這是一種輪迴，意即當腐之生命開啟時，下列之事你多多少少都會 run 過一輪。

　　在一開始涉世未深，還處於懵懵懂懂、連走個路也會跌倒去撞牆的階段，通常我們會去租書店或書店逛逛，先取用一點無肉的 BL，然後躲在黑夜的帷幕中一個人在那裡沾沾自喜。雖然在這個作者們全都節操蒸發的世道，很有可能會找不到半本清水向 *15 的，除非你買的是盜●筆記。

　　所以這時你就會飢餓、也會無法知道自己要的到底是哪種 BL，這時代表著愉悅方的導遊就會出現，他會替你解說、他會帶領你一窺腐世界的美好和大量秘密以及潛規則。他會讓未成年的你知道「有些網路書店很人性化、知道顧客的肉體和精神年齡是分開的」，而你透過下訂大量肉本這件事來印證。

*15 即無 H 作品，也就是沒有肉可吃的意思。

　　而就在大量愉悅洗禮之後，你發現你渴求著更多，更多的萌、更多的曖昧、更多的男子對視，於是更多的 B●C SH、更多的 U●、更多的少年漫畫主角、更多的武俠小說和歷史人物都被你拖下來了，你開始在同人誌販售會上亂竄。當然，這也是導遊私底下報給你的行程，所以很神祕很寶貴，只是因為導遊有千千萬萬個，所以 CWT*16 上的阿腐也有千千萬萬個。

　　不過當一個阿腐經歷久了在場上亂竄的時期，他大概會想要遵從痛苦方師傅的建議、開始在同人誌販售會上亂畫或亂寫些什麼，就算最終只有一個人肯買下他嘔心瀝血的鉅作（他自己認為），他也會感動地痛哭流涕，然後強迫那位讀者留下資料，因為他要跟他成為心之友。在同人的世界中，能找到一個萌自己萌的配對、懂自己萌點的太太或先生，比什麼都還要幸福啊！

　　就這樣，阿腐們耗盡了自己所有的歲月、精神和 ATP*17，燃燒自己，照亮自己。最終，等到風燭殘年、油盡燈枯之時……加滿油又他娘的繼續驅動一萬年啊！！！！當然這裡也不排除有種情況是「阿腐再度回歸家中」，但這也不過就是種腐爛神的終極意義罷了——就算你將之置放在啥都沒有的深山中，他也可以腐到深處無怨尤，安定的腐爛在土裡。

*16 台灣同人誌販售會，主要以女性向作品為主，是同人作家和讀者的小天地。

*17 三磷酸腺苷（Adenosine triphosphate, ATP），是一種核苷酸。

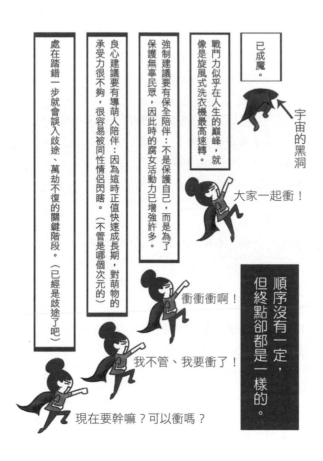

已成魔。

宇宙的黑洞

戰鬥力似乎在人生的巔峰，就像是旋風式洗衣機最高速轉。

強制建議要有保全陪伴：不是保護自己，而是為了保護無辜民眾，因此時的腐女活動力已增強許多。

良心建議要有導萌人陪伴：因為這時正值快速成長期，對萌物的承受力很不夠，很容易被同性情侶閃瞎。（不管是哪個次元的）

處在踏錯一步就會誤入歧途、萬劫不復的關鍵階段。（已經是歧途了吧）

大家一起衝！

衝衝衝啊！

我不管、我要衝了！

現在要幹嘛？可以衝嗎？

順序沒有一定，但終點卻都是一樣的。

最後我們檢視自己都練會了些什麼技能，所得到的結果不外乎是：

一，學會欺騙三大網路書店的年齡審查機制。
二，不吃不喝光靠萌，就可以活兩個禮拜。
三，用整輩子的時間，專注去做一件事。

真的好、好厲害啊。

✳ 普通男子對於腐人類的寬容

　　就在某個平靜又安逸、無風也無雨的夜晚，在下忽然被男性友人以特殊術式召喚（也不過就是丟出關鍵字讓我自己咬餌），只好現出原形。

　　「摸摸，今天有個陸生說我是女王受，還說只有帝王攻才能駕馭我，這是什麼意思？」

　　什麼意思？嘴巴因驚訝張得老大的當下，還是咻咻咻咻以最快速度和最簡說法解釋完這兩個名詞和攻受關係以及各個場合可能會碰撞出的萌點，然後就陷入了無窮無盡的擔心——現在的腐友還真是大膽啊～該不會是吃定對方不懂我們的文化？

　　你面前的那個男人有可能不懂你說的，可是他背後卻有個女人對這一切相當熱衷啊～竟然就直接這樣跟對方說出真相……坦白說，我也覺得友人是超級典型女王受，但如果他不問，我絕對不會跟他這樣講啊！要知道有些人可能表面上看起來很好好先生，實際上卻會因為這種事而憤恨難平也說不定。

　　但不知是因為我在現實生活中一直以來都很低調、根本就沒冒犯到別人，還是因為我遇到的都是很能忍耐和包容的男生，即便他們被腐女調侃和調戲也不是第　次，我覺得我作為一名同類也不會因此而被他們投以異樣眼光，至少目前我的生命安全都還沒有受到任何威脅。觀察了一下身邊男士的性格和反應，我猜想三次元男人並不真的那麼排斥自己被腐的原因，應該是因為他們屬於以下類型吧～

淡定天兵派：因為無知，所以淡定。

完全自信派：完全沒想到自己會有當受方的一天。

樂天知命派：媽媽，這裡有堅強又樂觀的男性人類。

動保團體派：不要傷害這些可憐的小動物。

合群隱忍派：人在腐女旁，不得不攻受。

無所適從派：自己慌亂都來不及了，哪有時間對妳生氣啊！

念在感情派：不管是子女、兄弟姊妹、超級好友還是男女
　　　　　　朋友，就……隨便你吧！（兩手一攤）

嗤之以鼻派：根本不當一回事。

渴求知識派：這是什麼文化？？身為高知識分子的我怎麼
　　　　　　可以不了解呢！？

沒空理你派：忙到沒空指責你。

特殊癖好派：倒不是說他也喜歡腐，他純粹只是喜歡怪怪
的東西。只是我說……我們並不奇怪啊！

樂在其中派：他們喜歡成為眾女子的焦點，而且他們不在
乎是以何種形式被關注。

　　不過如果閣下真的有遇到相當排斥腐女的三次元
男子，我想那是因為他不僅僅是被奪走過精神上
的貞操，更是連肉體都沒有倖免；也許他不但曾經
被腐女分類、成為大家茶餘飯後的話題，其生活和
隱私也被嚴重侵犯……因為沒有一個正常人會無緣
無故討厭另一個人的，一定是因為他被做了什麼失
禮或無法忽視的事。所以我們在享受他人寬容的同
時，也應時常提醒自己該有的分寸，否則為了自己
熱愛的興趣而失去了好友以及外界的觀感，想必是
件非常令人難過的事。

❀ 枯萎的時刻

上次忘了是哪位仁兄，在我因重度憔悴而在角落縮成酸梅乾的時候，針對我當時的狀況總結出了以下評價：「妳現在整個人看起來超沒用的，像溫室裡的花朵一樣嬌弱、一碰就碎……」

首先我要感謝這位仁兄還願意把我比喻成花朵而不是在哪個沼澤中會發出惡臭、具有攻擊性的植物，說實話我已經很久沒有被人用花朵形容過了，正確來說應該是從來沒有。所以完全無視於這整句話其實都是對方在婊自己的我，嘴角還是不爭氣地扯出了道虛榮的淺淺笑容。總之，我因為對方的無心之語而已經完全認定自己是朵花了。

說起來也沒錯，女孩子本來就是如同花一般的存在，腐女再怎麼腐，本質也還是女孩，一定也跟其他的花朵一樣，會盛開，會凋零。而會影響腐女兒開花或枯萎的原因，不分國家，到哪裡都是相同的，腐跟搞gay一樣都是比英文更普遍的國際語言。只是我們必須有這樣的認知——腐女花這個物種，是好像很特別卻又不怎麼特別、有點平凡卻可以在其中見偉大的。

所以當家裡出現了腐女花這種植物時，該怎麼辦呢？老闆我該買哪種培養土？　天要澆水幾次才夠？可以在她旁邊一次栽種兩棵仙人掌嗎？仙人掌會有生命危險嗎？（啊啊，文章一下子以失控的狀態往植物培育的方向一發不可收拾了……）

總之，一切問題都可以在以下的植物百科中獲得
解答：

魔性之花・腐女花

－跟別人不一樣的食物
－與大眾顏類似的煩惱
－小食物可對抗大煩惱

肌肉線條
貓貓
鳥鳥
ＢＬ小說
兔兔
雄性生物
一家二口
鳥鳥互撞
攻的高潮下半身
男性人類
猜中官方ＣＰ
受的高潮臉
新番都基番
萌事
萌物
萌人
俊男美男
男子體育項目
狗狗
被兵長踩到
喜歡的角色
接二連三的領便當
喜歡的作品被腰斬
感嘆青春年華已逝

家人不讓你腐
沒有體力
考試
近代三寶
沒有錢
沒有素材

營養供給設備

沒有素材

就像地球自轉所以有了白天黑夜、繞著太陽公轉
所以有了四季；腐女自我運轉所以有了攻君受君、
繞著雄性生物公然運轉所以情緒才能總是夏季。美

男子們是我們的太陽，一旦沒有了他們，我們就只能棲身於寒冷的銀河中，永遠處在冬季。

沒有錢

沒有錢不是一個柔弱少年被多金西裝買下後從此夜夜笙歌的愛情故事，而是一個腐女子窮到吃土、最終只能眼睜睜看著自己想要的東西被標走的人間悲劇。

近代三寶

教改、蟑螂和老闆。在二十一世紀，囫圇吞棗式的教育剝奪你的寶貴時間並增加無謂的壓力，蟑螂剝奪你的理智並增加了 BL 書因為不小心被爬過而必須忍痛焚毀的機率，無良的老闆則剝奪了你的固有薪資並硬性增加了無償的加班時間。

考試

考試是大家共同擁有的回憶。考試時腦中只有昨晚狂嗑 BL 的記憶，也是大家共同擁有的回憶。

沒有體力

「飽暖思淫慾」，這句話完全不適用於腐人類，因為不管飽不飽、暖不暖，我們滿腦子都是淫慾。但不可否認地，如果累到除了呼吸以外就完全無法做其他事情時，腦袋是真的會停止動作的。果然當初不該選擇人類作為寄宿體嗎……

家人不讓你腐

不了解並且排斥 BL 的父母很可怕，但其實陷入
BL 狂熱的弟妹才最可怕。前者會阻止你看 BL（但
阻止不了），後者則會跟你爭奪 BL（並且搶劫成
功）。

同儕看不起你

親愛的同學，會讀書也沒什麼了不起，我猜想學
識淵博如你們一定不知道「別人笑我太瘋癲，我笑
男人被貫穿」的深意，也是，因為這句話是我剛才
發明的。你們都覺得我是瘋子對吧……老子才覺得
你們全都是受呐！

喜歡的角色接二連三的領便當

歡迎光臨老虛 *18 便當店，這裡什麼便當都有，
有什麼豪華菜色都不奇怪。越是人氣高漲的角色就
越是要讓你下戲去吃便當，越是吃便當就越是所有
人吃個不停，老虛的便當店讓所有人都死光了也不
意外。

喜歡的作品被腰斬

就好像你終於從眾多的追求者中選定了一個作為
穩定交往的對象，然而，就在有一天……他忽然景
斃身亡了 fuuuuuuuuuuck ！

*18 虛淵玄，一個
以虐殺二次元角色
為樂的鬼才監督。

感嘆青春年華已逝

　　人活在這個世界上，最怕的不是有一天會老去然後迎接死亡，而是沒有過轟轟烈烈、沒有過年少輕狂，所幸成為阿腐是一輩子的事，你天天都可以在耽美的世界裡獲得高潮、感受青春。

　　所以枯萎時該求神拜佛還是看醫生？其實，拯救腐女花最直接的方式就是看她旁邊的那朵菊花被開，因為腐女花是一種相當特別的植物。但我這麼說你一定會立即把腐女花咻咻咻地斬草除根，所以最好的辦法就是不用管她、讓她自己好轉。因為雖然腐女花再怎麼強健也是會枯萎，但遇到困境時卻特別堅強。

❈ 隔行如隔山的BL結界

當腐女無意間說出「這男人下面的那一包好大好誘人喔」這種話時，別人看來會是幅淫蕩至極的金瓶梅，但事實上卻是腐女的胯下小兵見到尤物後、策馬奔騰的例行放風啊將軍！我們是負責盤貨叫貨出貨的店員，不是負責驗貨吃貨吞貨的客人吶。

同一句武松打虎

同一句武松打虎　　　　我這裡才是正常的

不入虎穴，焉入虎穴。

其實我平常是一個不太喜歡開黃腔的人，畢竟我溫文儒雅又有氣質（鼻子變長）……好啦，是不太喜歡在外頭開黃腔，也就是說我這一生當中開黃腔的額度應該都在自己家裡用完了，女人年紀一大膽子也跟著大了，在家就超級放蕩、尺度根本沒下限啊（全家族都是）。記得過年期間的某天，得知堂妹去了九份遊玩，旁邊親友起鬨要她扛點名產回來，結果我大概是酒喝多了，情緒一來就豪放地說出了心裡話：「給老娘帶兩個帥男人回來！」

其實說到九份我只想得到芋圓，但託我上班地點

常有點心可以吃的福，我幾乎每個禮拜都在咀嚼芋圓，咀嚼到我人都快要變成許效舜了。所以麻煩要帶就帶在那裡觀光的帥男人回來，誰要咀嚼芋圓咀嚼到最後在鏡子前面看到舜哥啊！給我帥哥呀！

而且要帶帥哥當然一次要帶兩個，就像鴛鴦娃娃一次也是配成一對配好好才美啊！這是我和同為腐女的堂妹一直以來都有的共識：物色男人不是為了自己，而是在下一次看到更好的男人時，可以把他們兩個送入洞房。不然不要鴛鴦娃娃，俄羅斯娃娃也可以，如此一來高中時學的排列組合就可派得上用場，不過這樣堂妹就得包台小型遊覽車回來了。

這樣子的俄羅斯娃娃……
很不妙吧（最下面那個）！

要倒了啊！

　　話說回來，我和堂妹有沒有共識這並不是重點，因為現在這訊息必須透過我親友的嘴才能送到對方耳裡，但我很肯定這句話在傳到親友耳裡的那一瞬間就已經完全變調了，因為對方挑著眉、話中頗有深意地對我說：「一次要兩個啊……什麼時候口味變這麼重了啊？」嘿嘿嘿的背後大概是個怎樣的畫面我好像可以從她的眼裡看得到，但我該反駁嗎？我在家族裡給大夥兒的公認印象已經很前衛，我不能再更前衛了。雖然被人誤會成慾女我心裡好像失去了什麼東西，但我實在不想再跟長輩解釋那眾人已經問我七十二遍的「腐女到底是什麼」。

　　唉，究竟是她誤會我，還是我誤會這世界上的男人根本就不是給咱家這麼用的？

　　大多數腐女看起來好像都很豪放，除了平時跟同好聊天時內容在外人聽來就超級不可取，甚至只是一個人在網路上打打文章發洩萌氣，到後來整個部落格竟然也可以像是色情網站。很簡單，因為事不關己的羞恥不算是羞恥，這就是人性啊。

　　如果受君被綑綁成撩人姿勢邊滴水邊喘息邊向面前的攻君嬌聲求饒哥哥我還要，你可能會在旁邊哈嘶哈嘶只差沒打起手槍。但倘若你把受君置換成自己……喔買尬！拜託你繩子直接綁在我脖子上一把勒到最緊，還打什麼手槍啊我根本沒有槍啊！你不如一槍了結我，我一定要立刻死才沒有時間羞恥。

　雖然除了身體以外，其他地方都污穢得一蹋糊
塗，但是現實世界中的自己，真的無法再更純潔
了，這就是我用菊花捅寫輪眼所設下的 BL 結界。
不過很殘念的是，這道保護膜基本上只有同類和我
自己看得到，所以在結界內時我可以恣意且奔放地
講著一些肉慾橫流的東西而仍然抬頭挺胸、趾高氣
昂，可是一旦被結界外的普通人聽到了，他們眼裡
的腐女就完全會是浪女的代言人了（哭泣）。所以
結界真的就是給自己用的啦，不能再更心酸。

　想自己高中時，明明就常在家大看 G 片（~~以彌補
女校裡沒有帶把人類的空虛~~），看到我都覺得自己
快要變成堂堂正正的基佬了。結果升上大學的第一
天就被忽然靠我靠得很近的男同學弄得滿臉通紅外
加不知所措，果然這就叫做「身體是誠實的」嗎？
靠北我到底是有多害羞，現在回想起來都覺得面子

掛不住啊……（艋舺式哭法）

　　事實證明，看再多 G 片，妳還是不會習慣男人，
妳只是習慣自己的眼睛大吃冰淇淋而已。

❀ 絕對不會忘記的事

今天你是一個因為兼太多份差而已經開夜車開了整整四十八小時差不多是要開去地獄找閻王爺的人，好不容易終於從好心的菩薩老闆那裡偷到一天休假，原本你想妥妥地睡死到傍晚、妥妥地混水摸魚，然後妥妥地耍廢耍廢再耍廢，最後妥妥地以覆蓋 BL 漫畫來結束這一回合。

結果，除了睡死這個項目完美地達成了以外，其餘部分並沒有如計畫般地進行，因為就在起床後短短的六分鐘之內，發生了一些令人措手不及的事。

而現在你只能快速地整理出這些事情在腦海中：

一，六分鐘前，剛被鬧鐘叫醒都還沒來得及打呵欠就發現自己額頭上貼了張便條紙，大致上的意思是「你老媽我現在得立刻出門去，你起來後的十分鐘之內若晚餐的菜已經熟了，就差不多可以把廚房的火關掉了。」

二，五分鐘前，老爸晾在外面的內褲被突如其來的暴風給吹到了鄰居的陽台上，一定得在他下班之前去隔壁按門鈴討回來。

三，四分鐘前，老哥來了通緊急電話，當下很是慌張又胡言亂語不知道在說什麼，總而言之經過判定後，本人將該段訊息解讀為「哥哥大人我昨天半夜偷看的 A 片在光碟機裡沒拿出來，在媽媽回來前趕快去幫我收好。」

四，三分鐘前，老闆傳來一封即時訊息請我幫她

調出她所需要的客戶資料，老闆的訊息是不得不正視的！老闆的命令是絕對的！老闆的休假承諾是出爾反爾的！

五，兩分鐘前，妹妹打回來說她今天會帶同學來家裡玩，央求自己能稍微整理一下客廳環境。

六，一分鐘前，接到租書店通知，之前苦等半個月都盼不到的耽美小説已經有客人歸還了。

如果不用文字紀錄，
腦海中的便條紙們…
只會以驚人的速度減少而已。

然後六十秒過去之後，這些事情會變成這樣：

一，鬧鐘發現額頭上貼了張老媽，十分的火。

二，老爸被突如其來的暴風給吹到鄰居陽台上。

三，老哥昨天半夜偷看 A 片。

四，老闆的休假承諾是出爾反爾的！

五，老妹今天會稍微整理一下客廳環境。

六，總之先去租書店一趟吧！

再過十分鐘：

一，老媽……

二，老爸……

三，老哥……

四，老闆……

五，客廳……

六，呼～從租書店回來了。

接著半小時：

六，這本小說怎麼那麼好看吶！

到了最後很不幸地，時間從下午轉到了傍晚。來自你老闆的一通急急如律令將你從自己的世界喚回來，正當你不知道該如何跟聽起來很焦躁的你親愛的老闆解釋為何還不見任何客戶資料，你的老爸回家了。

他抬頭一看就剛好瞄到鄰居的陽台上掛著他的性感豹紋內褲，平時給鄰居拘謹形象的他，面子都要

掛不住。而老媽接著老爸後面也回來了，一進門就
聞到從廚房裡飄出陣陣焦味，鍋子裡不見佳餚，只
剩下一坨不知道是什麼東西，大概不再是碳氫氧化
合物，你的媽媽轉過頭來看著你。

不過就在此時更令人驚詫的是，客廳的電視不知
怎地，忽然傳出震耳欲聾的女性呻吟聲和啪啪聲。
沒能比老媽更早一步進入家門的老哥，硬是飛快地
擠到了客廳，發現小妹和她的同學正淚眼汪汪地看
著他，表示他們只是想看影集，怎麼知道一不小心
按到播放鍵就變成這樣了⋯⋯

而老闆依舊在電話那頭跳腳，並質問你為何有呻
吟聲和啪啪聲還有其他十分吵鬧外加不悅的聲音。

最後當這一切已經失控到讓你覺得你的世界都在
天旋地轉時，你忽然注意到你電腦上的信件通知在
閃爍，有好幾封友人傳來的訊息，訊息大意如下：

「我已經在餐廳等你等了一個半小時了，你還不
來嗎？下次要再見面可是兩年後⋯⋯」

想著明天就要出國念書了的友人，你不顧自己身
上穿的還是昨晚的睡衣，像偶像劇那樣奪門而出，
朝著捷運站方向狂奔⋯⋯

然後發現沒帶錢包，就又折回來。

　　人家是六分鐘護一生，而你是六分鐘的雜事毀於你心愛的 BL。之所以會忘記會混亂會像個笨蛋，完全不是因為時候到了該攝取大量銀杏，而是因為這些事情根本從一開始就沒有存在在你深深的腦海裡，更沒有存在在你心裡，遑論要記得牢甚至是做得好了。會被妥妥地辦好的始終都是些被鎖在你心上的東西、始終都是你最愛的東西。

　　你，最愛 BL 了。

❀ 終究要買到帝寶

　　其實自幼以來一直有個心願——就是希望可以在有生之年憑一己之力搞出個密室，地點當然是在我的小香閨。因為曾看過我爸獨自一人就把老妹的房間改裝成 Idiot 展示屋，導致我認為喬出一間密室似乎也沒啥了不起的。想當初一腔熱血、連著兩夜構思出了設計圖，原本是計畫在書櫃後方牆壁上先鑿出一個洞，然後直線往裡、同時以 75 度角向下開出一條路並且用石頭砌成階梯最後直通密室。

　　結果就在我隔天拿著鑿子興致勃勃地敲了幾分鐘後，參透了一個驚人的事實——那就是我這樣一鑿，可能密室的雛形還沒看到就會先看到三樓鄰居在洗澡……「啊，我家好像住四樓！」當時的感覺就有點像這樣。更重要的是，在看到鄰居的裸體之前，我應該就會先讓我媽的廁所與我的小香閨相見歡吧……不過也幸好我家是公寓，如果真的是獨棟又讓我開挖成功，照我設計階梯 75 度角的傾斜程度，我總有一天要在裡面發生意外。

　　所以千方百計都想蓋出密室的我，到底要拿它來幹嘛呢？當然不是拿來藏屍體，而是要拿來藏比屍體還要更恐怖的 BL 書。據我這裡的不負責任統計，有一半以上的腐男腐女自己所收藏的腐物被家人發現時……晴天霹靂的會是家人。所以為了保護親愛的家人（當然還有自己），「消失的密室」是有其存在之必要性的。但如同前兩段所述，這個消失的密室別說是消失了，它根本就沒有存在過！

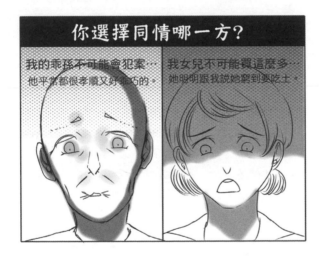

你選擇同情哪一方？

我的乖孫不可能會犯案…
他平常都很孝順又好乖巧的。

我女兒不可能買這麼多…
她明明跟我說她窮到要吃土。

　　於是，沒有藏身之處的糟糕本們，就默默以 32X 的速度安定地繁殖著，不斷地分裂、增生、突變、呼朋引伴，直到它們的數量多到足以突破培養皿（正確學名應該叫做書櫃）。猶記 BL 本們衝破培養皿的那天，我媽和我妹正在我房內進行溫馨勵志母姊會暨轟趴，大概是笑得太誇張聲波引起空氣的劇烈震盪，書櫃內地層一個鬆動，本本們就從深處

一個接著一個的滑出來了，加上我是很愛惜書的
人，每一本書都包了書套的效果就是這場雪崩真是
範圍又廣、射程又遠、速度極快啊啊啊啊！

人概是平日調教有方，裡面的每　本書射山來之
後幾乎很有默契地在地上自動排列整齊，那畫面簡
直像是連長在例行閱兵。不過依照當時的肅殺氣氛
和幾乎每一本封面都是兩個男人在挑逗對方的情況
下，說是販賣Ａ片的流動攤販在夜市被警察臨檢的

感覺更為合適，當然，警察是我媽，然後我是那個
在販賣 A 片的人（沉痛）。

　　沒等完房內全員鑑賞美男封面的沉默十五分，沒
等到我媽用索倫之眼看我，生存的本能迫使我先下
手為強，開始介紹起我眾家男人（他們各自成家意
味）。述說他們個性上的優點以及澄清雖然他們衣
服穿得很少但其實都是正人君子也有正當職業；沒
有不良僻好，大部分都是有為上進好青年。為什麼
我選擇劈頭就先說明這些絕對是因為看過太多慘痛
的例子，像是東西被發現後父母以為自己的孩子是
心理變態之類的。

　　結果我解釋到一半就被打斷，殊不知我媽根本就
不管我在看什麼，也不管我是否會因為養這些男人
而窮到吃土，她只是單純覺得書櫃只有一個，弄爆
了一個，接下來就是準備弄爆下一個，不管裡面內
容物是什麼，只要書櫃的主人還在，詛咒就不會停
止！如果連培養皿都開始增生和繁殖，那實驗室不
知道得搞出多少個、得弄到多大間才可以應付得了
了。但不得不說，我從來都沒想要搞出多少間實驗
室來啊！我最初的夢想就只是想要在消失的密室裡
面建造一間 BL 藏經閣或圖書館而已。

　　雖然現在連窮鄉僻壤的地方也有租書店，而且網
路很發達（大家知道的），但我是那種喜歡一個
作品就還是會以購買實體書來支持作家的讀者，所
以即便電腦裡的書櫃已經裝得滿滿滿，卻還是無法

迎來現實世界中書櫃淨空的一天，甚至是反其道而行，急需更多書櫃的現象日益嚴重。要說我膚淺也好，這些年來之所以工作得如此勤奮，無非是希望可以早日擁有屬於自己的一棟帝寶，要大大的，要很漂亮……

然後我要在帝寶裡面蓋密室！（執念很深）

【粉絲的留言】

不解釋。

Ch.4

生命就該浪費在
美好的BL上

BL與三次元的激烈碰撞。

腐女驚人之語

「那一天，男人們回想起⋯⋯在腐女眼神之下的恐懼，以及被外星語言驚嚇的痛苦⋯⋯」

基本上腐女就是超乎常人想像的物種、負責對人類的既有認知進行高度破壞；不具有生殖器卻可以大量繁衍；把她幻肢打斷一萬次她也能夠不斷再生；盯著你不為殺戮，只為能玩弄你的虛擬菊花；有些具有語言能力，有些則在她狂暴化後你完全無法與

之進行溝通；她們偶爾會用嬌羞少女式的跑法咚咚咚地朝你奔來，但當下的你一陣發抖，你不知道她下一秒到底想要做什麼。

人類是很脆弱的生物，遇到腐女的人類則是全世界最脆弱的生物，因為恐懼來自於未知，未知則是由於不曾接觸。地球上會有由普通人類進化而成的腐人類，自然也會有連 BL 是什麼都不知道的一般人類。試想：見到腐男腐女的人類們如果第一次接觸到的就是既重症又失控且無法預測動向的那一型，他們會有多無助，可能會比看到貞子從家裡馬桶爬出來還要更無助吧。

普通人之所以會受驚，全是因為他們自幼時就在心中築起的三道聖牆，被腐女依序破壞殆盡，赤裸裸的真相隨著腐男腐女坦蕩蕩的語言，排山倒海地進入對方的耳朵並強姦了他一遍又一遍，城牆一道道地被破壞……

腐女先是讓人類們了解外頭有新世界

對於一個從小接受國民義務教育的學生，我們都知道他的知識來自於老師，但除非老師本身就是腐女，否則老師上課不會跟你提腐女，因為教材上沒有寫。他沒有義務要教你認識腐女，重點是這詞兒太神秘了，連他自己也不知道。更別說「腐女是指喜歡 BL 的女性」，一旦提了腐女，接下來就要談 BL，談到 BL，地獄的後門就打開了，然後我們就得從腸子裡拖出一大堆亂七八糟、一般人絕對無法

理解的有關腐界的冷知識，最後的結果就是——所有人都無法消化。

「BL……是哪位聖尊？」
「BL 就是幻想中的男男戀情。」
「為什麼男男可以談戀愛！？」
「為什麼不行！你歧視同性戀嗎！」
「我沒有！那妳喜歡同性戀嗎？」
「我沒有喜歡！但也不討厭。」
「那為什麼要去幻想？」
「我就喜歡啊！」

「……那妳喜歡同性戀嗎？」

會鬼打牆是正常的，因為他打腦袋的深處就沒能理解為何「girl ♥（boy ♥ boy）」的這條等式能夠成立，他心中的天使告訴他說：男生愛女生，正常；男生愛男生，正常；女生愛女生，正常；湯姆貓愛傑利鼠，正常。女生愛男生愛男生……花、花惹發！？

再來腐女破壞了人們原本的世界

少年們最喜歡看少年漫畫了，所以當妳讓他們發現他們眼中的英雄竟然被壓在敵人身下變成蕩婦時，他們……會出現很多醫學上不能解釋的臨床反應。

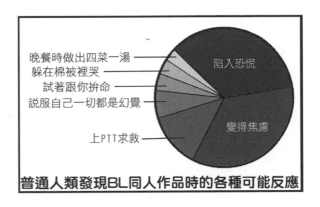

晚餐時做出四菜一湯
躲在棉被裡哭
試著跟你拚命
說服自己一切都是幻覺

上PTT求救

陷入恐慌

變得焦慮

普通人類發現BL同人作品時的各種可能反應

「我覺得佐助要跟鳴人在一起！」
「混帳！鳴人不是屬於全體男性的嗎！」

「那個……鳴人不是應該跟小櫻或雛田嗎……」

把絕招打上馬賽克後，　　　　　　就會變成另外一部作品。

在一般人的世界中沒有腐女這樣的女性

因為她們用詞實在太直接、太令人懷疑自己的耳朵了……這些女人的溫良恭儉讓和理智到底跑哪兒去了呢？

「這男人讓我下面硬得發疼。」
「我也是。」

（硬！？為什麼會硬！？那裡的肌肉組織纖維化了膩？）

　　腐女子是世界上最強生物這大家都知道了，就我們自己不知道。看著上面三道牆毀壞的原因，所有腐女都嗤之以鼻：「哼！這算哪門子驚人之語啊！不是很稀鬆平常嗎？」太太們，這不是理所當然的嗎？妳們心中的那三道牆別說是毀壞了，從一開始它們有出現過嗎！有出現過嗎！

　　腐女無意識的進擊對於普通人來說，是一份永不停止的開發，是一場永不止息的戰爭，要怎麼樣才不會總是那麼驚訝和害怕呢？你唯有更了解腐女、更靠近腐女。

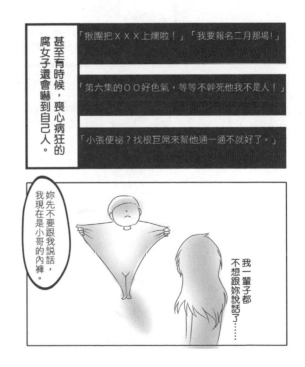

甚至有時候，喪心病狂的腐女子還會嚇到自己人。

「揪團把ＸＸＸ上爛啦！」「我要報名二月那場！」

「第六集的○○好色氣，等等不幹死他我不是人！」

「小張便祕？找根巨屌來幫他通一通不就好了。」

妳先不要跟我說話，我現在是小哥的內褲。

我一輩子都不想跟妳說話了……

✿ 極強的人際適應力

腐女都是怎麼面對人際關係的呢？古有云：「當一家餐廳裡只有一個腐女時，她會坐在角落靜靜地享受薯條和隔壁桌男性腐味十足的對話；當有兩個腐女時，她們會難掩興奮地討論剛剛電影裡主角到底有多萌直到餐廳打烊……然後站在店門口繼續聊；當有三個腐女時，她們眼中只有因二創本而笑得狂亂的彼此，別肖想她們會注意到驚愕的旁人；而當有一群腐女時，那個空間裡的男性和任何無機物……」唉，我不忍心再說下去了……

腐原子
腐女子（Fujoshi, 簡稱Fu）
是一種特殊元素－活性明明極大，卻時常缺氧。

而在不同的原子組合之下，Fu也會有不同的化學反應：

Fu

無色無味、部分原子肉眼並不可見。
（通常在分子的狀態下才會為人所察覺）

Fu_2

分子處在原子彼此難分難捨的穩定狀態，
無毒但具有可燃性。

Fu_3

分子處在極度難分難捨的超穩定狀態，具有爆炸性和破壞性，除非對化學不好，否則很難不發現其存在。

Fu_n

腐女群沉在腐海裡面漂浮很穩定，
實在是過度穩定了。

請注意：以上化學常識純屬架空，
你如果認真起來去背誦這些的話，
你的化學，絕～對會被我搞爛的！

　　但就如同上圖的元素表（？），其實我們會發現當一群腐女在一起的時候，那景象反而比較平和冷靜。不如說是腐女數量太多的結果讓她們反倒像是一支訓練有素的軍隊吧，有人負責盯哨，有人負責收集情報，有人負責速寫下目標物的肖像（因為偷拍違反肖像權），有人負責小說，有人負責漫畫，有人負責角色設定和劇情……她們就是這種會為了單純的妄想而認真起來的一群女人，雖然大家都不知道這樣的冷靜和認真到底要拿來幹嘛。

　　這就是不同個性和專長的人混合成的社會分工其有趣的地方，也因為隨著人的個性有這麼多種，阿腐們的習性也不能劃分得如此粗略、腐女們的相處模式當然也會隨之改變。

所以妳，是哪一種腐女呢？

帶刺藤蔓型

　　妳犀利，妳一針見血，妳能針對別人的弱點給予致命的戳刺，當然這些都是在別人自己來招惹妳的前提下。妳冷漠冷酷，看似對耽美毫不在意，但其實從妳的眼神深處就可以看得出，妳很想盡情戳刺受君。

清新白蓮型

　　基本上清新白蓮這四個字會出現在這裡就是一種錯誤，所以我們只能說是「相對清新」「相對白」，

你相對內斂，相對出淤泥而不染，相對濯清漣而不妖，甚至很多時候對某件事情的看法與多數腐眾背道而馳了，你還是選擇與他們相對，因為你是白蓮，你有自己的堅持。

出水芙蓉型

出水芙蓉並不是專指你真的是個出水芙蓉，而是身為一個芙蓉卻時時刻刻都在出水，你是怎麼回事？不顧自己形象口水淚水血水萬水齊發，只因為你當下真的萌到一個不行。如此狂喜形於色的一個純真妹子，這樣真的大丈夫嗎？

烈焰玫瑰型

熱情和紅色是你的代名詞，一旦萌起來就沒完沒了、無法無天、無窮無盡。不光光只是綻放，你更要全世界都清楚知道你身上的烈焰是因為萌上什麼而來，所以拚命放火盡情地讓大家燒燙傷。你的萌是永遠的，你的愛是強硬的，而 BL 則是絕對的。

榕樹爺爺型

比起其他人，你的行動力似乎沒有這麼高，很沉穩的行事風格、很平穩地呼吸著。你沒有太多雜亂的思緒和想法，應該是說，大多數時候你腦筋根本就沒動，因為動得太多很容易老化不是嗎？還不如做其他腐人忠實的聽眾，靜靜地腐著的同時，讓大家咚咚咚地在你旁邊跳來跳去。

悠悠水草型

很多時候，你甘心做一條水草，悠悠地在水底招搖，水流往右你就往右，水流往前你也不會刻意往後。這樣看來或許像是隨波逐流，或許像是沒有主見，但是溫柔地附和對方有時卻可以避免你們在康橋上廝殺到永遠不再見。嘛，開心就好了嘛。

抓地苔癬型

並不是你抗拒抬頭觀看這個世界，只是你一直都不希望自己長得特別高、特別引人注目，雖然身子矮，但是大規模地伏在地面，吸水吸養分吸什麼都吸得好爽喔～根本不會有人來管你，因為他們根本沒有注意到你，所以有時候就會不小心踩到你了XDDD。

食蟲植物型

即便在腐圈中，你也跟同類們很不一樣，不只吃的東西令大家不敢恭維，就連表現出來的狀態也是各種怪異。不過你確實是個鬼才而且想法很跳痛，每當大家搞不懂你到底在做什麼的時候，你就會做出更多讓他們更搞不懂的事情。

而妳們的相處模式又會是什麼樣子的呢？

↗	藤蔓	白蓮	芙蓉	玫瑰	爺爺	水草	苔癬	食蟲
藤蔓	戰鬥	人中之龍	沒有弱點	另類敬佩	敬重	粉絲	看不見	銅牆鐵壁
白蓮	人間兵器	對峙	壞掉了	靜觀其變	長輩	平民	找不到	不予理會
芙蓉	大哥	大姊	水災	養分	棲身之地	朋友	自顧不暇	神
玫瑰	懼	久攻不破	成就感	焦	安定	子民們	在哪裡	謎樣同伴
爺爺	鄰居	鄰家大嬸	可憐的孩子	孩子	茶	公園裡的孩子	不重要	不明物體
水草	藤蔓	白蓮	芙蓉	玫瑰	榕樹	搖擺	不知道	只能注視
苔癬	強者	清流	自由	火球	前輩	同類	悄	生人勿近
食蟲	人類	人類	人類	人類	人類	人類	人類	異世界

　　有沒有人已經發現，在下（不負責任地）分析的這些，好像都是在講「腐同類相遇時」的狀況啊，說好的人際呢？可不是全世界都是腐人類吶！

　　唔，只能說：因為腐女在現實生活當中就是個一般人啊……一般人與一般人的相處模式不在叔叔我的管轄範圍之內，所以去跟卡內基或是兩性專家聊聊吧。

腐女在現實生活中真的就是一般人……

但是較熱情活潑的除外。

這本你看不看？看不看不看看不看看不看嘛看不看嘛拜託看一下嘛看一下嘛看快看嘛拜託看一下嘛快看嘛拜託你嘛這很好看的嘛看這很好看的嘛看一下下就好了嘛看一下看一下下下一下下就好了嘛

❀平民進攻黑暗大陸

　　自從我看見昔日同窗一個接著一個，莫名其妙地出現在我臉書專頁上時，我腦中負責驚訝的那塊部分就已經往生了。自從那時候，我明白了這世界上沒有什麼事情是不可能——我意外得知了同學原來是腐女，我們彼此隱瞞了對方很久很久；我發現了學弟竟然也在看 BL，我以為他只是個阿宅。男性友人在被我用 H 度破表的動畫茶毒之後，不停地用男明星曖昧照來反摧殘我……

　　這一切的一切都讓我開始學習不要把這世界上的每個男人都當成 gay 來看待，而是腐男子。

　　不知道從啥時開始，覺得一個腐女的誕生可能會比腐男還更難產；腐化一個女人對我來說，竟然要比腐化一個男人要難得多！？我承認我遭受到不小打擊，這社會變了。隨著身邊男性們的心理素質越來越好，女性友人卻還是「妳不動，我不動；妳敢動，老娘就打死妳」的狀態，以至於有天，我那個因為看到《百日薔薇》H 畫面而憤怒不已的女性友人傳來這麼一封即時訊息時，驚訝君他，還魂了！

　　「我想玩 BL 遊戲。妳有嗎？我要 18 禁的。」
　　「有啊。」雖然當下迅速且鎮定地傳了這兩個字，但那時的表情一直無法脫離Ｏ口Ｏ。
　　「好，期待一下。」妳，妳是要期、期待什麼！？我大概把我這一生的疑惑都用在這件事上面了。
　　「妳是真的想玩嗎？」有點不安的將心底的疑問發送出去，結果換來這樣的回答……

「哈哈，出國之後人變得很 open。」

啊，妳出國念書到底都是去幹了些啥呀？好想對
英國大喊「還我清純的好朋友來啊啊啊啊！」不
過在跟英國算帳之前，我得先把遊戲拿給她，因為
她夜以繼日、馬不停蹄地高壓懷柔要我把遊戲交出
來。

「哈，在趕稿嗎？有空要拿遊戲給我喔～」
「早安～吃過飯了嗎？要拿遊戲給我了嗎？」
「妳回到家了喔？買好電腦了嗎？記得要拿遊戲
給我啦～」

根本老媽式攻擊啊！而且這位老媽她想玩 BL
game 啊！！雖然在這段時間裡我依舊很困惑又很矛
盾，不過我還是乖乖地把遊戲交給了她。

基於對方要求遊戲當中要有一方很強勢、要有
18 禁、不想要有浪漫情節，我挑來挑去還是選了
腐友們耳熟能詳的《鬼畜眼鏡》。雖然幾乎每一個
BL 遊戲都會有很強勢的角色、沒有一個不是 18 禁、
裡頭的情節到底浪不浪漫我根本不知道一般人的標
準在哪，但最重要的一點是──她本來就有看過漫
畫，對劇情和角色稍微有一些了解和興趣。

我讓自己盡量先不去思考這女人為什麼會在我不
注意的時候自己一個人偷看大量的 BL 漫，總之，
她是注定得玩這款遊戲了。

在一天下午，某人一邊玩著遊戲一邊跟我用線上訊息實況：

「剛拿到眼鏡！」那時她正在某一家連鎖咖啡廳裡面。

「啊啊啊啊啊！他們做了！」靠也太快！欸不對，我是在驚訝屁，BL 遊戲本來就會超展開。

「誰啊！？妳說誰跟誰做了！？誰是受！！？」大概是太久沒回味遊戲，被她這麼一播報我一把慾火都要燒起來。

「克哉是受！然後御堂被下藥了。」

「不對吧，御堂被下藥那段應該是御堂受喔！那路線克哉是攻。」

「咦？受不是被欺負的那方嗎？」

原來她以為在 BL 裡面被欺負的就是受，欺負人的那一方就叫做攻。是說要這麼理解也是不能說她錯啦，就是要看拿什麼東西欺負人就對了（猥褻臉）。就在我邊跟她解釋攻受的定義時，兩位主角也默默地來到了往屁股塞橄欖的橋段，而那時我才知道──原來當時她學長正在她旁邊，一同看著他們在屁洞瘋狂儲存要拿來過冬的橄欖。

據說那位學長當下完全無法克制，從口中不停地飛濺出國罵。

本來想說學長你在公開場合飆髒話這樣好嗎？不過一想到是友人先在公開場合大玩 BL 遊戲，只好

叫她安慰學長說沒有塞橄欖球就已經很好了……不過話雖如此，學長是邊狂罵但眼睛一刻也沒有離開螢幕，我就說男性的心理素質真的潛力無窮。

接著繼續遊戲，我親愛的友人又再一次地搞錯攻受的定義——這次她以為被強迫的那一方就是受，不過我真的很難跟她解釋「也是有人可以用後面強姦別人的啊」。只好回歸 0 號和 1 號的定義，說出了「肛門被插的那一方就是受」這種直白到讓我想死的話。

其實我也不確定她最後有沒有真的理解攻受的意義，但我很肯定她玩得超開心，特別是 H 的部分。讓我不禁覺得——最黑暗的不是 BL 大陸本身，而是這些沉醉其中卻又不是腐人類的老百姓吧！

❀好腐女，不追嗎？

「腐女女孩兒有多好，不跟你説你就永遠想像不到，非腐眾的你打開我的書立刻就想把它燒掉，我能明瞭……但腐女的這些優點，你有權利知道。」

——以上箴言＆以下文章送給一般的男孩兒

她不會利用你，不會把你當成修電腦的人

你是男友！不是工友！她會跟你交往絕對不是貪圖你的修電腦技能。

（應該説是，她根本就不會讓你接近她的電腦。）

她不會把你當傭人，不會使喚你跑腿

她從來沒有把你當傭人，因為比起傭人，你更適合當獵物。除了應急用的衛生棉，她不會像個女王一樣命令你去幫她買她想要的東西。

（因為她要買的東西，她根本沒有臉叫你去買。）

她不會管你看多糟糕的東西

男人的浪漫就是在 C 槽裡擁有另外一群女人，你的腐女友非常貼心，她熟知你資料夾裡的每個搖桿驅動程式 2.0，卻不會去干涉你，甚至嫌棄你。

（因為她自己在看更糟糕的東西。）

她的情緒總是能維持穩定

沒 有 Monday Blue， 只 有 Monday BL、Tuesday BL、Wednesday BL……簡言之，天天都有吃到 BL 的前提下，你的女友安定地保持在極 high 狀態，不會核爆，只會燃燒。

大家的女友	星期一	星期二	星期三	星期四	星期五	星期六	星期日
小明的女友	15~20℃	13~18℃	13~18℃	13~18℃	11~12℃	15~20℃	14~16℃
老王的女友	14~16℃	13~18℃	11~12℃	10~11℃	5~8℃	1~3℃	-4℃
你的女友	38~40℃	38~40℃	38~40℃	38~40℃	38~40℃	38~40℃	38~40℃
老王和小明	四次	六次	五次	八次	十三次	記不清	小明不適

你在她心中是世界第一好的

　我可以肯定她非常愛你，很愛、好愛、死了都要愛，在這個世界上你是最好的最棒的最帥的。

（但在別的世界可就不一定了。）

恭喜你，在綜合類排行榜裡你贏了一隻貓。

（連貓都不給贏的話，男友就會從這個頁面上消失啦！）

死魚眼白夜叉

犬神莫娜的女婿

玩花牌的睫毛

Level5的蘿莉控

拔刀癡漢公務員

吹氣吹得妖怪們欲仙欲死的少年

有觸角還是最美邪神

沒有美奶滋會死

其實是皇女的小練

刀劍神域裡真正的女主角

爽朗到異常的風早翔太君

史上最中二的英靈

不好好唱戲卻跑來盜墓

熱愛髮片的執行官

拿辦案當調情的偵探

我的哥哥不可能那麼好幹

不要靠近美朱就不會死的淚痣美少年

你

現實世界代表

橘灰白相間的肥貓

她不太會亂吃醋

「寶貝，今天上哪去了？」「死鬼，我打了好幾次電話你都沒接！」這幾句話你大概也會從你的腐女友嘴裡聽到，但她不會胡亂跟你生氣，也不會追問你是不是劈腿。

（倒不是因為她心胸特別寬大，而是因為她思維異於常人。）

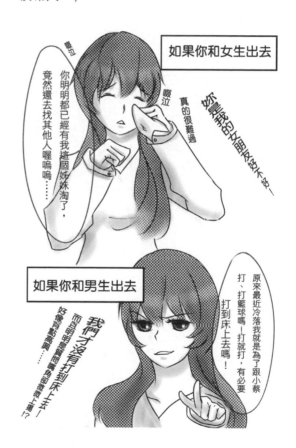

她很容易滿足

　　你不用特地準備昂貴的紀念品，也不用精心安排
豪華的生日宴，說實話，你只要知道她最近在迷哪
兩個男人，你就掌握了她全部的心！

（這是沒有物欲，但脫離不了肉慾的她。）

她可以配合你的一切興趣

看電影嗎？看！
去爬山嗎？爬！
騎重機嗎？騎！
打魔獸嗎？打！
幹活去嗎？幹！

不用擔心你的喜好會讓她感覺無聊，一般女孩覺得無趣的東西，在她眼裡全都是寶。

（全都是製作 BL 的素材啊……）

你不太需要保護她

女友太正有時也是種困擾。在這世界上有種生物叫做色狼，他會跟在你們後頭伺機而動，而這時你的女友發現了色狼，她放聲尖叫，並且一個箭步衝上前去，將他踩爛。

（你不太需要保護她，反過來她還會保護你。）

沒人理解你的好嗎？……她可以

怨嘆沒有人知道你有多好、多優秀嗎？明明自己
既貼心又十項全能卻總是滯銷嗎？寂寞難耐到每天
對著室友說：「我好想要（女友）～」到室友以為
自己有危險嗎？你需要這樣子的一個女孩！

她可以挖掘出你身上所有不為人知的萌點。
（絕對不是因為她的眼睛和大腦發生異變！）

矮攻萌
無口攻好萌
大叔受萌
宅男受萌到不行
臉上有疤萌
屁屁上有毛也萌
口吃萌萌的
功課不好也是個萌點
尿失禁也萌萌的喔

我才沒有尿失禁！

我沒有！

（燦笑）（她是真心那麼認為）

她不會要求你在床上要有多勇猛

她只希望你的某個部位能撐得住。

若真的不幸分手了

　　她不會死纏爛打，更不會往你臉上潑硫酸……她只會在 CWT 上販賣以你為主角的總受本而已。

　　所以説，「好腐女，不追嗎？」我很期待追到腐女之後的你，可以和她合唱以下這首經典情歌──（原曲取自張宇《用心良苦》）

　　妳的臉有幾分淫穢
　　妳的眼有興奮的淚
　　妳的唇美麗中有疲憊

　　我用去整夜的時間
　　想分辨在你我之間
　　到底誰才能夠在上面

　　我寧願看著妳
　　睡得如此沉靜
　　勝過妳醒時失控的獸性

　　你說你　想要逃
　　偏偏女友正到爆
　　燈滅了　皮掉了
　　剩下腐女你要不要

　　我要你　搞 homo
　　用心良腐卻成空
　　我的痛　怎麼形容
　　一生都不會放你走

都有男友的我，
是人生淫家！

在不同世界
有男友的我，

只要是好女孩…
我就要去打倒她
是這吧

在這裡脫個精光。

腐男是架空人物，
就別怪老子

再有人說

只要正就好

腐女

素材
我需要

給我男友

野生
腐女獸

勇者

珍借生命啊，
遠離腐女！！

腐
男

好女色的男子

受驚的男子

❋第二次追腐女就上手

所以説為什麼是第二次追腐女就上手？……因為
第一次已經失敗了啊啊啊啊啊啊！

話説有勇者受了我的影響，決定在情人節那天頭
一伸就……死了，呃，是衝了！但衝了就衝了，沒
人叫你們亂衝一通、橫衝直撞，最後滿頭血地哭著
問我花哈噴，拎北在短短的時間內從補教業轉行變
成非法紅娘，緊接著又變成了愛情顧問，重點是我
沒有收錢吶～

先不論你們找我這個三次元情史一片空白而且腦
子裡裝的是滿滿污穢物的人來當愛情諮詢師，我
真的不知道該從你們還是自己先吐槽起，再者偉大
的男性勇者們啊～你們到底是去追腐女還是打魔王
啦！看看你們寄給我的 VCR 有多麼怵目驚心，情
人節被你們搞得跟武裝革命沒兩樣，我真的想哭。

這樣好了，在看案發現場 VCR 之前，我們先來看
一下上圖這微妙的人口比例。勇者們，請先受在下
一拜，然後我要開始播放你們的 VCR ──

片段 1：告白

終於，在風雨交加又打雷閃電的那一個夜晚，我鼓起勇氣向暗戀已久的她告白了！……當她聽完告白，笑著跟我說她已經結婚的那一剎那，我感覺每一道雷都打在我心上，天空在代替我哭泣。

但我沒有放棄，壓根不相信這樣一個讓我死心踏地的女孩竟不是與我命中注定！於是我跟蹤了她、潛入她家、進了她的臥房、打開抽屜一看……

發現了她的結婚證書！！！！
（凶險程度 0%；心碎指數 90%）

結婚證書

肖像	丈夫	妻子
姓名	江戶川柯南	王小美
出生年月日	永遠的7歲/5/4	2007/5/26
職業	死神	幼稚園大班
相遇的契機	幼稚園炸彈客脅持案	
簽名		王小羊

片段 2：送禮

　　送禮要送到心坎裡，於是你到處打聽，於是你知
道了她的性癖，於是你買了懲罰軍服系列獻上，想
當然爾，她已經有了兩套：一套收藏，一套觀賞。

　　那你買的那套呢……？別擔心，可以拿來推廣。

　　你要擔心的是，你會是被推廣的第一人。
（凶險程度 20%；變成假性腐男的指數 99%）

片段 3：出遊

　　帶她去哪裡玩都好，就是不要帶她去男人很多的
地方，她一定會選擇離你而去的。

（凶險程度 50%；在截稿日前失聯的機率是
100%）

片段 4：聊天

　　跟她聊天當然可以主動提起她喜歡的話題（也就
是 BL），但除非你很專業，否則請保持在發問狀
態就好；聊 BL 當然無法避免地會聊到攻受，但除
非你很確定她對該對 CP 的攻受定位，否則請不要
隨意講出 AB 或 A X B。

　　因為如果她是鋼鐵意志般的BA派，你就死定了。
（凶險程度 80%；對方暴走的機率是 50%）

片段 5：搭訕

　　知道腐女喜歡 BL 之後，想藉由搞基來吸引她的注意……？

　　你小心你旁邊的那個臨演是真的基。

　　想搭訕就搭訕，照正常程序走就好。
　　（凶險程度會是多少 % 我是不知道，但我很確定你找到真命天子的機率已經突破天際）

　　腐女不是你想追，想追就能追。而且她們通常很難追，除非你天賦異稟，否則第一次是追不到的。但這些倒也不是因為腐女難搞，只是因為注意力都放在自己的嗜好上（躺）。

　　說實話，你真的把她當作普通人來追求就可以，不必在初期就勉強自己去迎合她的喜好，反正交往之後她就會原形畢露的。她會，積極地，跟你分享，她的一切啊～到時想逃跑但跑不掉時，就倒在你哥兒們的懷裡哭吧。

　　所謂真正的勇者，是要從經驗裡學教訓的，所以接下來的第二次，祝你成功！

✿ 拒絕告白的方法

「好想要有個男朋友啊～」腐女總是望著窗格外那小小一片湛藍天空這麼說著。

但事實上是，當一個一個純情又不知人間險惡的王子送上門來時，腐女多半會選擇拒絕（不然就是拔腿就跑），這也是為什麼那麼多男孩看著腐女，就像看著高塔上的長髮公主那樣——覺得對方隨和卻帶有神秘，有趣卻又難以親近。

　　王子被拒絕的理由有千百個，但之所以被拒絕都是因為 BL，即便你帥氣多金又迷人，腐女若感覺你不是真命天子，絕對不會盲目接受表白、浪費彼此的時間，狠下心來拒絕那是常有的事。不過像這種既懂得體貼又自嘲慣了的生物，你不用太擔心被她拒絕時會落得顏面盡失、心碎不已的下場。只要是跟我們阿腐告白，在沒有犯什麼致命大錯的前提下，絕對讓你踩著我們精心安排的台階帥氣退場，保證乎你自信滿滿地進來，了無遺憾地出去。因為當出現「熱情燙到驚人之追求者」時，我們的「沖脫泡蓋送」緊急處理手續是無敵的！

〔沖〕沖掉對方對一般女性的既定印象

　　想必大部分男孩在被腐女煞到的一開始，都會以為眼前這位女性即使興趣獨特，也不會獨特到哪裡去，但是呢，其實這個興趣根本不是獨特，而是驚世駭俗。世界上真的沒有多少直男能在第一次了解 BL 真正涵義時，心中一點都不動搖的，除非他有著高強的定力和聖光，再不然就是白沙在涅、從小就在充滿糟糕物的環境中成長。所以當阿腐向對方表明自己身份時，應該可以驅離一些容易被絢麗外表所迷惑的人，腐女的愛好應該連痴漢都不敢恭維才對。

話都說到這個份上了⋯難道還不知道我這是在暗示你我沒有喜歡你嗎？

你知道ＢＬ是什麼嗎⋯

〔脫〕在對方面前脫下妳正常的外衣

　　如果當追求者在聽到自己喜歡 BL，並且沒有誤會 BL 是 Battle league 還是什麼 Bull legend 之後，還可以大聲說他愛妳的人，我想他是認為就如同網球雖然是件運動量極大的體育活動，但也是可以像國手打起來那樣賞心悅目又充滿陽光氣息，所以 BL 大概也是一樣——青澀的少女看著兩個男孩彼此互訴情意，自己也露出了極為靦腆而害羞的笑容，那有點不知所措同時又不能不動心的神情，啊，真美……才怪勒！等男孩實際上看到了女孩拿著高 H 同人誌，或是死死盯著《復仇者聯盟》的基情海報時那淫蕩至極的笑容再說吧……一般人可能還要稍微假裝一下才能營造出角色的崩壞感，但阿腐們只要喊一聲封印解除就好了。

〔泡〕泡在同人展上一整天

不過這裡也不排除對方具有極佳精神力的狀況，如果無法藉由精神攻擊來逼退追求者，那麼就只能倚賴強大的同伴，從體能方面來給予壓迫了。雖然平日的同人場就是戰場、戰場上的阿腐是搶本本的競爭者；但今天，他們是妳的戰友，妳要尋求戰友的庇護，妳要委屈自己衝每一場、搶每一攤，除了藉由人潮來保護自己以外，同時也強烈暗示對方：要追老娘，先做好有如進入海軍陸戰隊的覺悟！

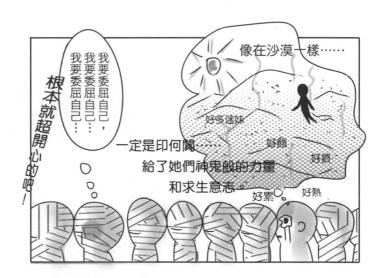

〔蓋〕蓋對方說妳已經有了男朋友

　　但如果堅毅如他，不僅精神狀況極佳，更已經有了隨時可能在與妳交往的途中殉職的覺悟，那這就有點難辦了，因為沒有什麼兵器可以比豁出自己性命和尊嚴的男人更可怕。雖然可能有點殘忍，但善意的謊言就是這麼用的，製造出妳正在與他人熱戀的假象吧！據說這招是打槍界的大絕招，沒有一個正常人能避得開。正所謂欺騙對方以前要先能欺騙自己──「妳有一個叫做坂田銀時的男友……妳有一個叫做坂田銀時的男友……妳有一個叫做坂田銀時的男友……坂田銀時有一個叫做土方十四郎的男友……」

　　雖然這點好像從來都沒有問題。

〔送〕直接送他去警察局

對，如同前面我們已經釋放出沒有正常人能抵抗
的大絕招，但對方竟然還可以存活，這如果不是癡
情種就一定是變態了，雖然我認為後者的可能性幾
乎已是 100%。變態會在妳工作的地方每天站崗順
便尾隨妳回家；用簡訊瘋狂求愛不說，甚至還會透
過騷擾妳朋友來對妳施加壓力，像這種變態……像
這樣一個既麻煩又難纏的人，對付他最好的方法就
是把他送進另外一個男人的懷裡，他需要一個強而
有力的臂彎把他牢牢圈住，最好加上點道具……

這份萌，就當作是你糾纏我的精神賠償費吧！

　　在文明的社會中，訴諸暴力永遠是最不正確也不可取的解決方式，但精神上的暴力是可以的（欸）。不管是不是阿腐，與人的交往都該建立在良好的態度與不傷和氣的原則上，有時候藉由一些特殊的心理戰術來達到目的是很 OK 的，尤其上述的戰術本來就是腐女的專長。

拒絕告白的提議：
＊雙性戀的話，就請當下選邊站。

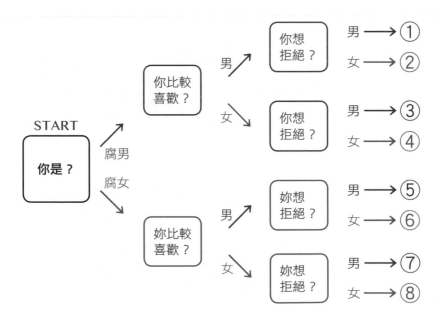

方案（半玩笑）		可能結果
① 3P 吧！不要拒絕了～	→	① 闔家團圓
② 搞基給她看	→	② 對方精神重創後成為腐女／含淚祝福你並開始籌備新刊
③ 你只需要把你的 BL 漫藏好！	→	③ 最終還是因藏不住而不小心被對方發現，對方以為你是同性戀，有意無意地示好，而你也因為對方萌萌的而覺得好像搞個 gay 也不錯，不知不覺就這樣被掰彎了……（典型 BL 情節）（捻鬍鬚）
④ 讓她發現你的 BL 漫	↘	
⑤ 跟他說你是腐女／腐他		④ 男性追求者變多
	↘	⑤ 他反而更愛你了
⑥ 腐化她！讓她的感情昇華成友情（同好的那種）	↘	⑥ 對方的目標從妳本身轉移到妳本身擁有的 BL 本
⑦ 跟他說自己有關於男人的額度和時間都用在 BL 上了	↘	⑦ 對方試著去了解耽美文化，然後……
⑧ 如果對方是腐女的話就逆她 CP 吧！	→	⑧ 不過這樣一來，情殺和尋仇就可能會分不清楚了

❀ 腐女也是有視覺的

　　腐人類就算要腐三次元的男人也是會挑對象的，但我想大多數人都沒有意識到這件事情，就如同他們不知道 BL 在我們心中到底有多神聖、多美好一樣。有些男士常在公開場合放話說腐女很危險，警告我們不要把歪腦筋動到他們頭上，這時就真的好想安撫那些人：「在你們的長相面前，這些擔心都是不必要的。」我的大腦和心靈是已經無藥可救了沒錯，但不代表我眼睛也壞掉了啊！還有，歪腦筋從來都不是動到頭上，而是屁股。

　　對於我們這樣一個以美男和萌點來維生的族群，會在現實生活中去腐一個男人，那代表對方已經突破了三次元的業障、具備了夢幻二次元的基本特質，她不僅看得起你一夫當關的俊美容貌，更看好你萬夫可騎的驚人潛力。當腐女願意將你和 BL 作連結，那代表她已經將你視為她很重要的人，因為好東西要和好朋友分享、好朋友要和 BL 分享嘛！甚至她主動將你界定為受，哇！那簡直是至高無上的肯定與讚美，因為那可是她最喜歡的 BL，不會有人平白無故把自己鍾愛的珍品扔進糞坑裡的……

　　除非你，幹了什麼好事，把她給惹毛了。

　　沒錯，對於一個外表看似凶狠但其實是個一遇到萌物，智商和攻擊力就會降到變成負值的生物體而言，要我們去以殘暴的物理攻擊來復仇，還不如召喚愛天使的新娘捧花出來向對方發射粉紅愛心。不管再怎麼憤怒，唯一想到能夠轉化自己情緒的出口

永遠是BL！沒錯，正所謂「愛你，就要腐你。」「恨你，更要腐你。」腐女真是完美地演繹了「黔驢技窮」和「以德報德，以德報怨」這兩句名言（好啦，也許只有我）。

但雖然對一個人很生氣想要腐他，可是要腐女去腐一個在她看來根本就不萌的人，根本崆峒派七傷拳 *19 ——如果腐力不夠深厚還硬要在腦內將對方扒光，無疑是傷敵零枚，自損一萬的自殺式攻擊。為什麼傷敵零枚？因為對方壓根就不知道妳此時此刻正在進行腦內 BL 的放映，他依然逍遙法外，除非阿笠博士 *20 趕快開發出腦內影像輸出器。得以與這項科技結合的腐女，攻擊力絕對會大幅提升，但世界大戰或許會因此而爆發也說不定。

即時新刊發表會

我還以為我們是刎頸之交才對啦！

大大，是吻頸之交才對啦！

原來一切都是我一廂情願嗎？

吻他啦！

吻他啦！

A13

日後同人場的新興活動

腦內影像輸出器

優點：即時性／全民創作
缺點：無法進行校稿＆劇情可能暴走
機會：多人同時操作機器的可能性

*19 為金庸武俠小說裡《倚天屠龍記》的武功，若使用者功力不足，反而會造成自身內傷。
*20 漫畫《名偵探柯南》裡的靈魂人物之一。若沒有他發明的道具，主角也不會飛天遁地、好幾次陷自己於險境中。

　而當一位男性真的很難讓人腐得起來時該怎麼辦呢？別以為你一點都不萌就可以逃過一劫，腐女雖然有視覺，但她們的視覺絕對是異於常人的。先不論腐女可以從視網膜後區隨心所欲地發射出萌激光，輕易改變一個男人的外型，再來，所謂可以化不可能為可能的神，除了涼宮春日以外大概就是我們了，只有我們沒興趣的男人，沒有阿腐幹不到的敵人！

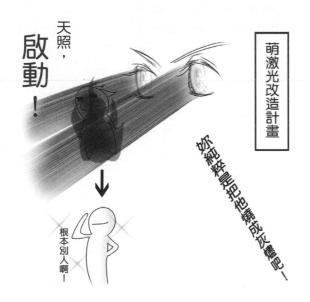

天照，**啟動！**

萌激光改造計畫

妳純粹只是把他構成灰燼吧！

根本別人啊！

　還記得以前男女合班時，班上幾乎有一半都是敵人，先不論班上男生總是照三餐故意激怒自己，從對方那擺明著就是在玩弄掌中物的姿態中，妳更容易提煉出怒不可遏的殺氣並將之潛藏在股間⋯⋯呃，不是，是心裡，等著這場表戰爭一結束，就馬

上在自己腐敗的小世界中進行一場裏戰爭。

「剛才不是叫你不要搔我癢了嗎……既然你一直
講不聽那老子也不必跟你文明，現在我叫路人搔搔
你的腸壁又有何不可……蛤？你說鉛筆盒不能塞進
那種地方？那你每次都把我的鉛筆盒藏進蒸飯箱裡
又如何……大聲的叫吧！絕對沒有人會來救你的，
因為這裡是我的腦內……哼哈哈哈哈哈哈哈哈～」

我感覺完全壞掉的自己在正常的運轉著，即便運
轉的東西一點都不正常，不過它卻讓我得以在現實
生活中，不會因為男同學經年累月的幼稚舉動而失
控做出殲滅全體男性的違法行動。真的不用等到好
幾年後風水輪流轉，現在就給拎北立刻轉！你轉過
身讓另外一個男人在你體內轉一轉，這樣我馬上就
能揮揮衣袖不帶走一片雲彩。

真的是不帶走一片雲彩。

因為在萌激光的 photoshop 威力減弱之後，紛紛
現出原形的男同學們所製造出的駭人景象實在太過
可怕，逼得我每次都不得不立刻進行磁碟清理，將
那些暴走的暫存記憶刪除乾淨，然後繼續過著時時
刻刻都在炸毛的日子。

所謂的轉念法是很好用的，我們常會因為無法適
應周遭人事物的不合理而感到不耐、無力，這時就
可以利用轉念的力量來維持自己的心理平衡，雖然

這股力量真的是我有生以來見過最邪惡最不人道也最詭異的（妳是最沒有資格說這句話的人吧）。

❊三個腐男的一個禮拜

星期一：為了喜歡的 BL 而被甩了！

「我女友甩了我。」苦主陳加樂丟出這麼一句話後，一臉木然地坐在公園椅上，旁邊陪著他的是好友阿 D。此刻的阿 D 拿眼前這個男人沒輒，一來是因為自己根本沒有跟女孩戀愛的經驗可以供他借鏡，二來則是因為剛被女友甩掉的陳加樂沒有任何活體反應，完全是條乾屍，兩人周圍的氣氛陰鬱到就連公園裡的鳥兒也不想靠近。

陳加樂會這樣是有原因的，因為就在那天中午，他交往三年又半個月的女友竟好死不死地發現了他在衣櫃藏了好幾年都沒事的 BL 書，一想到對方拎著那本罪魁禍首在他面前半崩潰的激動模樣，這個面色蒼白的大男生一下子就在路邊炸了。

「什麼叫做『我都知道了，我不會怪你的，同性戀並沒有錯，我很愛你但是我還是要跟你分手』！？為什麼大家都會以為喜歡看 BL 的男生就一定是同性戀呢？為什麼女生都會想要翻男友的衣櫃呢？而且她完全不聽我解釋就手刀跑走了！天曉得我根本沒買過那本 BL 啊！……你說說看身為腐男到底是哪裡有罪了！我告訴你，我現在一點都不想哭，因為我很憤怒！！」

陳加樂一陣霹靂啪啦完畢之後，又恢復了血色，阿 D 在一旁無奈地當著一人陪審團，還去附近的廁所抽了約五公尺長的衛生紙，因為最後陳加樂還是哭了，而且哭得很悲壯。

星期二：為了療傷，反而被同好弄得遍體鱗傷。

　　有鑑於昨天的阿 D 儼然就只是衛生紙供應商，除了不斷去公廁偷衛生紙之外似乎就沒什麼用處，陳加樂登入了每天必逛的「腐人愛耽美」論壇發了篇文章，記錄昨日事件、討拍順便尋求同好的協助。

　　「腐女姊姊們雖然平時都很肉慾，但遇到正經事時也絕對能給我好意見的…………嗎！」陳加樂想把上一分鐘寄託在同伴身上的信賴收回，因為此時他討拍文的下面盡是滿滿的「別擔心，世界上還有男人」「既然她這樣誤會你，就乾脆讓它成為事實吧」「打開吧！同性戀之門」「打開吧！原 PO 的後門」「It's time to 體驗三次元 BL」「女友會過去，男人會留下」……一堆泯滅人性的發言。

　　看著發文不到一分鐘就累積了上百條的回覆，但沒一個能派得上用場而且還很糟糕，他對他的腐友們感到絕望。

星期三：為了自暴自棄，所以去了 gay bar。

　　「喂喂，又不是一般的 bar，幹嘛挑今天過來？要釣男人的話周末比較多喔～」阿 D 挑了挑眉，調侃般地道。

　　「阿 D 先生有資格説我嗎？是説天天都來 gay

bar 報到的人是誰啊科科。」

「……我只是來這裡喝酒。」來了來了，這個超級認真又有節操的 gay 終究道行尚淺，終究因為心裡有什麼地方崩毀而反擊了，這不是你自己挖的坑嗎？陳加樂這麼想著邊笑出了聲。他們這兩個泡在 gay bar 的男人，一個是不斷拒絕同類搭訕的自閉狂同志，一個是因為自暴自棄而想在這裡把自己銷出去的直男，完全就只是在浪費 bar 裡的空氣而已。

「吶，我說那個阿 D 啊……」陳加樂環顧了一下四周然後又看看自己，「我……難不成這方面的行情很差嗎？從剛剛就一直是你被搭訕，相反地我這裡卻是乏人問津！雖然被搭訕我並不會開心，但從老子前兩個小時踏進來的那一刻，到現在都沒被搭訕我好像有點失落啊！」陷入了心裡掙扎的陳加樂抄起啤酒又是仰頭往自己嘴裡倒。

「……原因一，今晚人真的很少；原因二，你渾身散發出異味，誰敢靠近你啦！」
「什麼異味？」老子嗅嗅……「聽你在唬爛，我身上最多只有男人味和啤酒味好不好！」

「我是說，異男的味道。」阿 D 一臉嚴肅，「異難忘就是只要被異男傷害過一次就很難忘得了，所以之後都會特別警覺。雖然我也喜歡看腐書，但我知道書裡的那些人都是賤受，現實中沒有賤受會自己找罪受好不好，又不是被虐狂。而且他們之所以

對你沒興趣……」講到這裡，阿 D 忽然一下子大幅縮短了和陳加樂之間的距離。

「是因為我比你帥多了。」

星期四：為了證明些什麼，首次在實體書店購書。

他媽的死阿 D，死同性戀！假性現充 ***21**！以為自己胸部特別結實、有堅硬的 D 罩杯就了不起！不就是受男人歡迎嗎？我也可以……受女人歡迎。

陳加樂不再肖想自己會受到男人青睞了，自從昨晚被打擊到了以來，他就認清了耽美與現實的差異。更何況如果事情真的發生了，只喜歡女生的他鐵定也只有驚慌失措的份，怎麼可能像漫畫裡的主角們那樣順利發展呢！而且他現在想發展的對象是女性，這點他很確定。

隨機踏入一家書店，一向動作比動腦快的他就這樣筆直地走向櫃台，停在看起來年紀很輕的馬尾妹前面，雖然馬尾妹過大的車頭燈搞得他有點緊張，但還是假借找書之名行搭訕之實。

「小姐，請問可以幫忙找本書嗎？」
「當然可以，請問書名是？」
「呃，我只記得作者耶……」拖延戰術，高招。
「那請問作者的名字是？」

*21 現充一詞源於日語的網路語言，意指「單憑現實生活就能過得很充實的人」，各方面都有所成就無疑是人生贏家。

　　「八號。」此話一出，陳加樂臉色驟變，簡直想用超時空忍術馬上把自己傳送到一個沒有人類的地方，因為八號是他最喜歡的 BL 作者，是嗶、欸、樓。人緊張時果然會特別誠實啊！不過這下完全是挫賽了，因為你往電腦鍵入一個 BL 作者的名字，除非出現神蹟，否則它只能有以下這些書名……

　　「後庭無處不搔癢、貼在店長乳頭上的便條、將軍今晚是我的……」馬尾妹用不急不徐、剛好是櫃台附近的客人都聽得到的聲音說著。

　　「可、可以了……」看著周圍投射在自己身上的目光，隨著馬尾妹甜美但具有穿透力的聲音而漸漸多了起來，陳加樂的人際壓力值衝破歷史新高。

　　八號老師的書什麼都好，風格時而輕鬆愉快時而淡雅療癒，故事本身又偏向清水，可以把有關於男人的一切都敘述得絕美以致在主角們肉體交纏時，陳加樂完全不會作嘔甚至還有點動心。然而他就是無法理解：為何不能在書名上許它個十全十美呢？自由市場激烈競爭下的應對方針嗎！

　　陳加樂打斷馬尾妹對自己的公開處刑後，咬著牙表示要最新上市的那一本，反正自尊都已經丟在地上踩了，不帶本老師的鉅作回去他對得起自己嗎？然而，他得到了這樣的答案……

　　「要調貨！？」他、他馬的！陳加樂填完客戶聯

絡資料後，強忍著尷尬，奪店門而出。

星期五：為了改變命運，去巷口吃了碗陽春麵。

小周末的夜晚，被甩掉的第五天，陳加樂依舊沉溺在被女友甩掉的悲傷中無法自拔，所以他去了巷口那家麵攤，點了大碗的陽春麵。

「每次吃了老闆娘的特製陽春麵就會有好事發生，來吧！我陳加樂專屬的豬腳麵線，拜託讓我開運吧！」雙手合十，在心中默禱了這麼一段的他，熟練地掰開竹筷正準備將晚餐夾送入口，然而就在麵條到達嘴中的那一刻，一名戴著海綿寶寶安全帽的騎士衝進了麵攤，在撞翻旁邊水桶的同時吼出了「搶劫」兩字。

「搶劫！女的把錢留下，男的把褲子脫下！」搶匪揚了揚手中的武器，恫嚇並且這樣命令著在場的客人。過沒一會兒時間，只見那男人頭上戴著海綿寶寶，跨下操著海綿體寶寶，就這麼把在場的男士都給蹂躪了個遍，仗著手上的改造手槍，男人的囂張行徑持續著……

直到搶匪看見了發呆已久的陳加樂，並從他的口袋中拿走了皮夾。

沒錯，以上的情節都只是陳加樂自己突如其來的

暴走，不過麵攤被搶劫以及他自己被搶劫（而且還不費吹灰之力就成功了）的這些事情都是真的。摸摸自己空蕩蕩的口袋，他恨他自己為了幻想竟然連危機意識都被瞬間卍解，真像個智障，虧他還會點防身術。而且平日不太能接受 BL H 的他，現在不但自己開發出了個火坑，而且還是濃濃慾火，果然是失去女友所帶來的精神壓力太大了嗎⋯⋯陳加樂無助地垂下了頭。

星期六：為了保護 BL，乳頭的貞操可以不要。

是說剛才，書店的馬尾美眉用極其甜膩的聲音通知床上的這個男人：禮拜四調的貨到了。該慶幸取書的收據沒放在皮夾裡嗎？陳加樂盥洗完畢就去書店領了書。只是衰神來了怎知道，此時忽然下起了滂沱大雨，他身上什麼東西都沒帶，剛才也沒向店員要袋子，全是因為他家就在步行五分鐘就可以到達的地方。明明越過這條馬路之後就沿路都是騎樓了，此時的陳加樂見雨勢大概是一時半刻不會停，歸心似箭卻又擔心書被淋濕的他盯著斑馬線的另一頭，在原地轉呀轉的。

「先生，你是想要過馬路嗎？我可以順便撐你過去。」一個穿著西裝、打著領帶的男人見他似乎需要幫忙，主動提出了建議。陳加樂感嘆這世界上還是有好人，雖然好人總是要在週末加班。

「雨實在有點大，先生你得要靠過來一點！」西

裝男大聲地説著。撐傘的那隻手時不時地摩擦到他
的胸部，甚至有幾下都碰到了他的奶奶頭，弄得他
在行走途中除了一陣陣暴雨之外，也被雞母皮襲擊
了好幾次。就在這短短的一分鐘內，他雖然曾經想
把心思拿去保衛乳頭，但是這樣一來書就很有可能
會濕掉了，乳頭被摩擦頂多黑色素沉澱，書濕掉可
是會發皺的啊。説來也奇怪，這男人左手撐傘、右
手卻擺在自己的腰上，現在的人對待陌生人都這麼
熱情嗎？雖然雨勢是真的大到不靠緊一點不行……

　　結果，就在陳加樂順利到達對面後，他，被西裝
男要了電話。

星期日：女友因為弟弟，回心轉意了！

　　「哥，媽説叫你感冒了就多休息，不要老跟女朋
友跑去山頂吹風。」陳昕看著倒在床上的自家哥
哥，淡淡地説道。

　　「怎麼？你沒跟她説我被甩了喔？就算她和爸遠
在台南，手機可是沒有阻礙咳咳……」陳加樂沒料
到自己才一天功夫就成了病人兒，八成是昨天被薔
薇色的西裝給嚇著了。

　　「説到這個，你等一下有客人。」
　　「什麼客人咳咳咳咳……」話都還沒問完，陳加

樂就看見説分手都還沒到頭七的前女友出現在他的
房間裡。

　「阿樂，我都聽你弟説了，對不起，我不該一時
衝動就跟你提分手。」女友抬頭看了一下一臉疑惑
的陳加樂，又繼續説：「我已經知道那本書不是你
的了⋯⋯」
　「喔⋯⋯我的確沒買那本書，不過妳是聽誰説
的？」

　「你弟。」
　「我弟⋯⋯他怎⋯⋯？」
　「他説那本書是他的。」

　「！」

強大的腐女部落

隨著腐女意識抬頭以及越來越多的新血加入，腐女的人口數以驚人的速度成長著。她們多半對 BL 死心踏地（畢竟人類不會閒閒沒事而自己走進地獄），因為這股忠誠心，這個族群漸趨強大。雖然也會有人是因為一時的好奇心才加入，但不管怎樣，正是因為有這麼多的人口才得以組成了一個如此龐大卻又無人能撼動的帝國。不過與其說是帝國，不如說是部落，因為這是一個遵從原始慾望的民族，不僅和樂，也懂得分工。

那就來帶大家參觀一下分工的狀況（咦）。

小精靈：有問必答之人。

善良小精靈無時無刻不在發揮她們天使的本性，給予迷途之人光明燈（？），適時指引正確的道路、提供（BL）資訊，這都是她們的職責和天性。第二父母啊！小精靈。

妳到●●和○○那裡去，就可以看到人獸大混戰和浴血菊花的主題囉！

不要用這麼純潔的表情和聲音說出這種話啊！

噴火龍：陷入ＢＬ狂熱的腐女。

當這個噴火龍進入狀態後，別
指望牠人性的部分，牠會四處飛
翔企圖尋找獵物、獵物、更多的
獵物，不過如果你這時順勢騎著
牠，便能以搭便車的形式，憑藉
著噴火龍驚人的氣勢＆速度，
迅速開疆闢土兼發現新大陸。

祭司：各類 BL 活動主辦人。

謎一般的 BL 在大眾眼裡，就
好像大型宗教活動一樣。那要集
合這樣一群腐女並搞出一場精神
轟趴的頭頭，會是怎樣的厲害角
色呢？

下一場活動…
要玩些什麼特殊的好呢……

正常一點的就可以了。

食品生產廠：原創 BL 作家。

從原物料到糧食，一氣呵成的流程絕不馬虎；精心製造出來的商品，每一家都有它獨特的醍醐味。

絕對不會有三聚氰胺、瘦肉精或塑化劑等有害的東西，但其他的就不敢保證了。

來了！滿滿的肉⋯⋯當然還有菜。

外聘的特級廚師：BL 同人作家。

提供從一般向作品中原料所得來的加工糧食（兩個正常又熱血的男一男二→搞曖昧搞 BL 的美味佳餚），請問你要法式、德式、日式還是中式呢？什麼都會料理、什麼都想料理的特級廚師，他們的清水之龍和淫亂之龍會同時從心中和股間跑出來！

巫女：腐男。

　　部落中的珍饈……珍稀動物，
算是腐界的另類精神指標，但有
時部落內（精神）糧食不夠時會
被拿來犧牲（？），但是他們願
意的，應該吧。

妳們…要吃我嗎？

忍者：熬夜的人。

　　所謂忍者即是：能忍人所不能
忍者。作家和讀者都有可能是忍
者，人人都有可能是忍者，只要
你能夠忍得住不睡覺，夜晚時的
BL 時分就是屬於你一個人的。
當然，隔天的黑眼圈也是屬於你
一個人的。

天然的眼周遮罩，
是我易容的最大武器。

要拿來幹嘛。

刺客：腐化別人的人。

　　這是一場無分距離、暗地裡腐化別人的戰鬥，只要掌控得當，好好利用對方的萌點，潛移默化、暗潮洶湧之下，部落裡將會增添一名因被推坑而覺醒的新血。

我知道妳的弱（萌）點，是「在私密處的胎記」吧！

武士：推親友坑的人。

　　與刺客不同，這是一場正大光明的戰鬥，也因為對方是自己熟識的人，所以可以進行毫無羞恥心的近距離攻擊。你拿著你的武士刀，帥氣地向對方宣戰之後，握著上面塗滿萌物與神作劇毒的利刀，筆直地向他砍去。

沒辦法，自己一個沒站穩就……

但通常自己會先中招。

弓箭手：推網友坑的人。

同樣是不跟你耍陰招的戰鬥，這次的對象則是瞄準了遠在電腦另一端的群眾，萬、箭、齊、發！

姿勢和衣服醜不醜都無所謂，反正在電腦後面大家也看不到。

炮臺：評論者。

基於一定情緒，不管是正面還是負面，對於作品瘋狂開砲。有溫暖的粉紅泡泡砲，也有紅色的熱情砲和抱怨的黑色砲，但多數時刻是圍繞在新阿姆斯特朗旋風噴射阿姆斯特朗砲上面。

不轟則已，一轟驚人。

等一下這裡會有一批噴火龍經過，不想死的新手腐女，請趕快上車。

一批？

導遊：電台實況者。

藉著網路的即時／無地域特性，大家可以跟著導遊一起探索BL的世界。導遊會很親切，導遊會很專業，導遊會很瘋狂，導遊可能會在開台前酒醉，這些天生的社交家，以更直接、更身歷其境的方式讓不管是不是腐眾的你，再度對這個世界感到驚嘆。

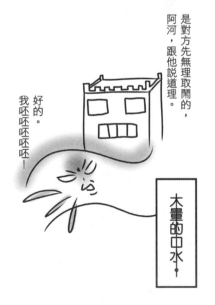

是對方先無理取鬧的，阿河，跟他說道理。

好的。

我呸呸呸呸呸！

大量的口水↓

護城河：抵禦外敵的人。

有一本書曾經說過：每一百個人當中，就會有四個是不良的，是那種會不分青紅皂白就攻擊他人的人，假設四個中有三個已經被關進監獄好了，剩下的那一個如果閒閒沒事來攻擊腐女部落的話，腐女們為了保護同胞，絕對會把那人溫和地用大量的水淹死。

魔法師：coser。

　　千變萬化的造型，看不出年紀和性別的外表，永遠不老，高超的化妝技巧，還原度超高的手工藝，上山下海拍美美照片絕對是有使用任意門吧我說。再騙我說妳不是異世界來的魔法師啊！根本妖孽啊這群人。

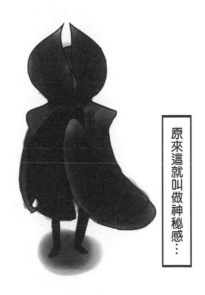

原來這就叫做神秘感…

　　但其實這個部落裡面的都是妖孽啦！（這句是多餘的）

✿ 當兄妹愛上同一個男人

人生啊！總會遇到那麼幾個明明跟你處於不怎麼熟的狀態，但你卻會莫名其妙就參與了他人生大事的相識，對方會因為意想不到的事而找上你，然後你越是不想參與，就越是會很神奇地全程參與到底。

以前敝人曾因為工作的關係，有幸結識了一位人還算不錯的天然，姑且稱這位大大為小尖嘴吧——小尖嘴顧名思義就是時常會把一張櫻桃小嘴噘得尖尖的，以表示小嘴主人當下的不滿與不服氣。想想那櫻桃小嘴粉紅粉紅，若不要無理取鬧，翹起來也著實惹人憐愛。但問題就出在小尖嘴他，是個頂天立地的男子漢（眼睛瞪大）……嘛，如果站在那邊都不說話也不要有任何動作的話。

算不上白皙清秀但乾乾淨淨、五官端正，頗有姿色的小尖嘴屬於丟進軍中還是會被啃食殆盡的搶手貨，但我也實在搞不懂一個男人的風塵味怎麼能這麼重，要我想到最適合他的形容詞大概就是妖嬈了，如果在他身上罩件薄紗絕對可以開始接客的啊！每次待在他旁邊我儼然就是個男人。不過，再怎麼男人都比不過他妹妹，一頭耳下三公分的短髮搭配上超殺的眼神和俐落的行事風格，簡直就是中情局的特務！不多話但每次講出來的東西都超嚇人，只是被嚇到的從來都不是我，而是他哥。

「我說，你們爸媽沒有很頭痛嗎！？」我時常這樣問著小尖嘴（然後他的嘴就又噘起來了）。一雙

媚眼拋呀拋的哥哥和 Man 炸了的妹妹，怎麼想都不是他們家那種異常保守的父母所能接受得了的……感覺兩人的靈魂根本就裝錯了軀殼，拜託趕快去橋頭迎接老天爺的雷擊然後把原本屬於自己的身體給換回來吧！不過，之後還有比兩人的性別氣質可能更令他們爸媽頭痛的事。

那就是……小尖嘴跟他社團學長告白了。

為什麼我會知道呢？因為是那個學長跟我講的，為什麼學長會跟我講呢？因為我和那個學長也認識啊！話說小尖嘴的示愛方式很奇怪，他有天在社團活動室見四下沒人竟邀學長一起打手槍，學長當下嚇死了寒毛都不知道豎斷了幾根，但畢竟身為學長，他還是故作鎮定地拒絕了發情的小尖嘴（然後從活動室逃了出來）。

聽到這裡，我發覺我也必須故作鎮定才能保持冷靜了，因為很不巧的，就在我聽聞手槍事件的前幾天，我發現特務……不對，尖嘴他妹，尖嘴妹好像喜歡上了社團學長，而且還是二見鍾情那種靈異梗。何で……世界上的社團學長何其多，為毛你們都要看上同一個呢！！！

回憶起知道尖嘴妹喜歡學長的那一天，她那因為想起學長而瞬間變回女人的嬌羞模樣仍歷歷在目，然後再想像一下當時邀請學長打手槍的小尖嘴也許也是嬌羞的……喔尬的，我覺得盛竹如好像要出現

了。那一刻，我只能向老天祈禱，千萬不要讓我看到兄妹鬩牆的溫馨場面，我想八成會是妹妹冷冷地對著哥哥罵賤人，然後哥哥噘著嘴含淚反擊。

之後，少女心被開發的尖嘴妹果然多次想找機會和學長接觸，每當這個時候我都得想盡辦法把小尖嘴拍開，幸好這樣的情況並不多，不然我也快要沒有梗來搪塞他了。不是說不幫小尖嘴，但是學長已經明白表示拒絕了他、之後更是很明顯地冷處理，為了讓小尖嘴不要傷心我還得想辦法轉移他注意力。只是我怎樣也忘不了有次試探性地暗示他說「再怎麼樣也不該用非常理的方式去發展人際關係」時，他在冷天裡把鼻子哭得紅紅的，最後跟我說他知道了。

雖然我看耽美小說還滿享受那種既複雜又超展開的情節，但如果這些在現實生活中發生，苦到的會是所有人啊！而且又是自己認識的人，那種感覺真的很怪。而且說實話，小尖嘴也真的讓我萌不太起來，不過鑑於事情都聽了也出了力，不給它萌一下我好像也滿吃虧，於是我白天當好人晚上當腐人，閉著眼睛就跟它拚了。那時我才漸漸了解——男人就算沒那個性致，給它搓個幾下還是可以硬得起來的道理。

　　而這整件事發展到後來，就是以哥哥又喜歡上了別的學長而妹妹對學長的感情也漸漸淡掉作結，事件途中一度有點失控，害我覺得我也沒幫到什麼忙，單純就只是讓他們兄妹不要發現對方和自己喜歡的是同一個人而已。若論光怪陸離的程度，這就是我平凡的人生中，目前遇過排得進前三名的故事。

三次元的生活…
好累…

真的嗎？

雖然我對這事情一點興趣也沒有，但還是不免俗地意淫了幾下，大概是想要苦中作樂吧？有點像是收詢費那樣的心態，雖然千百個不願意，但還是很犯賤、很本能地萌了起來…我真的不想這樣啊。

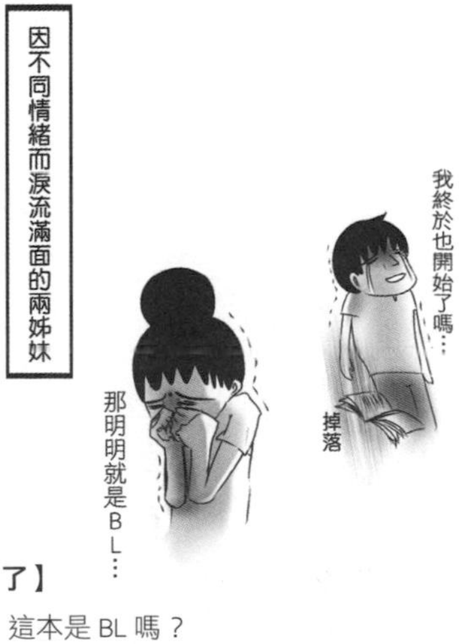
因不同情緒而淚流滿面的兩姊妹
我終於也開始了嗎⋯
掉落
那明明就是BL⋯

【妳也完蛋了】

妹：欸姊！這本是 BL 嗎？

我：不是。（痛心疾首地說出這兩個字）

妹：⋯⋯怎麼辦，我越來越分不清楚一般故事和 BL 故事了嗚嗚⋯⋯

Ch.5

記得要把地上的
節操撿起來

當夜深人靜、羞恥心長出來時，就該告解了。

在萌點上慘遭滑鐵盧

「腐女，無所不萌，可謂神（經病）人也。」我猜想在腐友的心中，我大概也是神經病吧……以至於我有天難得在噗浪上很有感觸地發了一則「再怎麼身心俱疲，只要一想到家人，就又是滿滿動力。」的噗時，換來了「**終於連家人也難逃摸摸魔掌**」的回應……而且還不只一個人（掩面哭泣）。當下喜憂參半啊～喜的是大家對於我喪心病狂等級的肯定，憂的是大家真的過獎了。

雖然 BL 的亂倫／近親相愛相姦題材我食得很愉快，但這並不表示我可以容忍心中最後的一塊淨土被汙染啊！不過與其說是淨土，不如說是如果不小心踩進去，就會一輩子再也碰不了 BL 的流沙坑。萌點這種東西好似兩面刃，一旦打開的方式不正確，一輩子陽痿都是很有可能的事，老子不想終生當個軟屌俠啊～

我呢，很愛我的家人，之所以會那麼熱愛自己的家人和家族，一方面是因為叛逆期已經離我很遠了之外，還有一點就是他們實在是太（過）外放又太歡樂了。先不論周末的夜晚我妹在挑燈苦讀、我在一旁當家政婦兼高齡書僮，結果我老爸老媽在不遠處大看《追愛火影》*22 和《名偵探夫夫》*23，而且聲音還開得很大聲；再撇開「知道堂妹是腐女並且可以包容她滿坑滿谷的糟糕本，但是會逼迫女兒看《海賊王》」的二叔不管；三叔一家三口其實才是真正的奇葩。

*22 即《火影忍者》，完美呈現主角鳴人對於好朋友佐助所做的種種癡漢行為（誤）。
*23 即《名偵探柯南》，東京偵探與大阪偵探的遠距離戀愛故事（誤）。

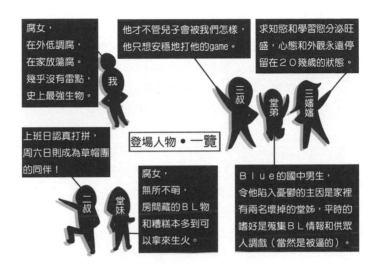

腐女，
在外低調腐，
在家放蕩腐。
幾乎沒有雷點，
史上最強生物。

他才不管兒子會被我們怎樣，
他只想安穩地打他的game。

求知慾和學習慾分泌旺
盛，心態和外觀永遠停
留在２０幾歲的狀態。

我

三叔

堂弟

三嬸嬸

上班日認真打拼，
周六日則成為草帽團
的同伴！

登場人物・一覽

腐女，
無所不萌，
房間藏的ＢＬ物
和糟糕本多到可
以拿來生火。

Ｂｌｕｅ的國中男生，
令他陷入憂鬱的主因是家裡
有兩名壞掉的堂姊，平時的
嗜好是蒐集ＢＬ情報和供眾
人調戲（當然是被逼的）。

二叔

堂妹

　一個男生，若作為兩名重症腐女的堂弟，個性必
須要有多堅毅才不會被送到隔離島，這個大家應該
可以想像得到，但是如果連他的父母（對，就是三
叔夫婦）都加進來一起腐他的時候，我想這不是光
靠堅毅兩個字就能扛得住的了。

　有次堂弟在與我們分享班上的男生每天如何地壓
來壓去，供腐女堂姊們鑑定與意淫時，他媽媽竟然
丟出一句：「你怎麼沒加進去？」我堂弟原本就很
黑了，在那一瞬間，我覺得他的臉黑到我幾乎看不
見他。也是，就算可能只是玩笑，那種被全親捅一
刀的感覺想必是非常令人絕望的，而且於此同時，
他老爸也只是在一旁微笑，根本沒打算要制止這項
殘暴的腦內視姦運動。

像三叔夫婦如此思想奔放的家庭，說實話的，就連我家都及不上。除此之外，他們還很有求知慾，多次和堂妹討論腐事，他們除了會在一旁專心聆聽之外，也會討論和發問，而且明明就不是我們這個圈子的人，有時提出來的情節也意外地有創意。

記得有次講到兄弟 BL，我和我堂妹瞬間就燃爆了，雖然亂倫對有些腐人類來說很雷，但變態如我和堂妹，禁忌 double 簡直是讓人興奮到心跳一秒幾百萬上下，當場就在餐桌旁發病到不行。開始一來一往細數兄弟 BL 的萌點和古今中外的 CP，我們笑得很樂很歡很淫蕩，直到親愛的嬸嬸她問了一個問題。

「原來這就是兄弟 BL 啊～」
「對啊不覺得萌翻了嗎！」「超萌的有沒有！」
（面部糾結，手指在胸前蜷曲）

「那如果是 A 和 B 這樣，萌嗎？」此話自嬸嬸口中脫出的那一瞬間，有兩只前一秒還在沸騰的汽鍋現在都已降到冰點以下，為什麼呢？

因為，A 和 B 是，**她們兩個的爸爸**。

親……爸……爸…………一等親，尤其又是血親，拎北實在萌不起來啊啊啊啊啊啊啊啊！（面部糾結，人體在地上蜷曲）

不愧是以奔放聞名的三叔家，嬸嬸的創意以時速
六百公里向外噴射到連我這樣幾乎沒有雷點的人也
招架不住！我是不太清楚堂妹當時的內心景象是什
麼，不過我這裡的確是一片雪花紛飛，充滿著繁華
落盡的蛋蛋憂傷，乾～我的蛋蛋它真的好憂傷……
此時此刻不能再更憂傷（不，妳沒有蛋蛋）

對不起，變態之路它……是有終點的。哪邊當受似乎都不太對勁喔唔嗚……

只怪自己當腐女已經當到幾乎是倚賴自主神經在活動的地步，關鍵字經由受器接收後不必經由大腦便會直接送往下半身的指揮中心由它做出反應，等到自己回過神來，關鍵對象 A 和 B 已經佇在那裡讓我為他們安上攻受的光榮勳章。

啊是要我判斷什麼啦！我只能判斷出來一個是我爸爸，一個是我叔叔啊！這是我人生中第一次在萌點上慘遭滑鐵盧，差點就在上頭把下面的頭摔斷了，多麼希望這麼恐怖的經驗是唯一一次也是最後一次（沉痛）。

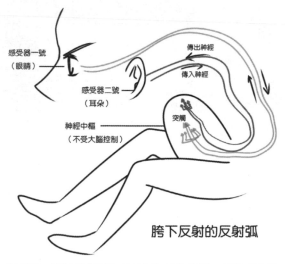

感受器一號
（眼睛）

感受器二號
（耳朵）

神經中樞
（不受大腦控制）

傳出神經

傳入神經

突觸

胯下反射的反射弧

接受刺激→傳入至神經中樞→進行分析→將結果傳出→感到無比亢奮

❀ 當她問妳攻的相對，妳要回答受

如果有一天，老闆把妳叫過去，然後張開他性感的嘴唇問妳…

那個…

可不可以告訴我，與強攻搭配的詞…

是什麼

想當年，低調的前輩們總是想盡辦法隱藏自己的身分，而現在…

年輕人通常只會有右邊的幾種反應而已。

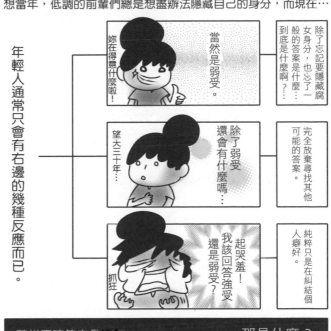

除了忘記要隱藏腐女身分，也忘了一般的答案是什麼…到底是什麼啊？…

當然是弱受。

妳在得意什麼啦！

完全放棄尋找其他可能的答案。

除了弱受還會有什麼嗎…

望天三十年…

純粹只是在糾結個人癖好。

起哭羞！我該回答強受還是弱受？

抓狂

聽說正確答案是答說……　那是什麼？

在歷史長河的推進下，大部分的腐女已經不再像史前時代那樣、被外人以行話一試探就有如驚弓之鳥地將自己彈射出去，也就是說她們完全放棄隱藏身分這件事（躺在地上）。但也有一些人……完全沒被長河洗禮過……因為她們根本跟不上時代。而以下這件事只是關於一個低調老腐女的陳年糗事。

話說我有一個朋友，在她默默地腐了 N 年之後，一個偶然的機會下，她和她的堂妹一起去了家族旅行，還一起泡了溫泉。但因為那時她和堂妹不太熟（大概四分熟），所以氣氛有點尷尬到要冒泡，於是乎她們開始有一搭沒一搭地亂聊，從最近學校的成績考很爛聊到學校的男人最近變很帥，然後又從學校的男人很帥聊到學校的男人們之間的互動讓人噴飯（其實同道中人的說法應該是噴血才對）……

這時異常靈敏的兩人都嗅出了此時此地除了溫泉水的味道以外，似乎還有人腦裡 BG 區荒廢的味道，伴隨著頭頂天線的升起，她們發現了對方都愛男人搞基的這個事實。相認（？）之後當然是因為兩人的開小花 MAX 模式啟動，整個氣氛和對話快要連溫泉水也一起沸騰，直到她堂妹丟出了這句話：

「對對對～我超喜歡攻那副高高在上的帥氣模樣！」

「啊，屎了。」她這麼想著。

為什麼會屎了？那是因為她腐得真的超低調超隱性超自我超自閉啊啊啊啊啊啊啊啊啊啊！山頂洞人的她並不曾主動去搜尋這類資訊，所以「BL」「腐女」「攻」「受」等詞不曾在她的字典裡出現過。

所以說「ㄍㄨㄥ」是什麼？額額額額額額額額？「ㄍㄨㄥ」？她從前面的對話判斷，大概知道堂妹在講1號，但「ㄍㄨㄥ」是哪個「ㄍㄨㄥ」，公？那相對是母？……不對啊！「母」好難聽的啊啊啊啊！要生蛋嗎？啊！那就是「守」了，用重要部位攻擊別人重要部位的那方叫做攻，相對當然就是要防守啊！雖然沒有一次守得住，不過就是「守」了，嗯嗯！

花了2.192秒把上述這段落落長的分析在小小底城飆完而得到（鬼）結論的她，脫口而出：「對啊！除此之外我也很喜歡守不肯服輸的無用抵抗喔～」

在那一瞬間，堂妹的臉像是被卡車輾過那樣面無表情，狐疑中帶有一點大便。從那副好像有點不爽又起了疑心……不！是根本就已經認定堂姊是個騙子的表情中，我看到我和堂妹的距離越來越遠，越來越遠……當下只好快速啟動了人類在無助的時候會自動跳出的緊急逃生系統：「咳咳嗯！……泡到有點暈了，連話都講不清楚了，我們先出去吧！」

最後我就這樣落荒而逃了。

然後應該已經有人發現，主詞從「她」變成了「我」……，嘛，反正我是絕對不會承認我朋友就是我的啦（倒地哭泣）！

日後在跟別人說起這件事情的時候，年紀小一點的同好都沒什麼感覺，果然是山寨爾康 ***24** 曾經說過的「在哪裡跌倒就在哪裡躺下」嗎……不過年紀相近的人卻心有戚戚焉──「及時下馬跪在人家小皇爺面前請教，總比帥氣地跨騎上馬後，飛馳到一半被甩在地上，最後被斬首示眾來得好吧！」因為這涉及到年長者的尊嚴問題，朋友紛紛這麼教導著我。

不過我說……已經來不及了吶！！！

在外行人面前對 BL 表現得很專業也是恥，在同類前摔個狗吃屎也是恥，人生怎麼就那麼難呢？當

*24 經典電視劇《新還珠格格》中的貴族，對紫薇的情感永遠多到會漫出來的一個角色。

下覺得為什麼要把男人弄得這麼複雜？愛不就是那麼一回事？根本是欺負新手！（這新手內部早就爛得一蹋糊塗了好嗎……）分什麼攻受還有屬性什麼的一大堆實在好難記啊！

但事後在很多社交（？）場合發現，有像「腹黑」「無邪氣」這種代名詞可以幫助自己不需要解釋那麼多的意象和角色個性還滿人性化。這麼多年我在腦中嚕的那些奇怪畫面還有情節，忽然一下子全都有了適合的名稱和分類，我，得到了解答。

✿ 無敵糾結二選一

忘記哪天哪個殺萬刀的老師在學生用餐時，看著大家碗裡的咖哩飯，問了這麼個問題：如果各位同學即將要餓死了，面前卻只有以下兩種選擇：

一，大便口味的咖哩。

二，咖哩口味的大便。

你會選擇哪一個？

此時，很多同學都忽然在頭頂自己生成了「我要去死。」以及「老師去死！」的選項，但很抱歉啊同學，先不吐槽老師好機車好髒好機車好髒啊～這點，這題並沒有額外的選擇，因為這不就是人生嗎！你是否也可以在自己小小的 BL 世界感受到這股糾結和痛苦呢？讓我們透過以下的狀況題一同來感受吧！

Q：距離發薪的日子只剩兩天，而銀行存款只剩 300 元，你要？

一，拿去買便當。

二，拿去買上市不到一天就會賣完的，你、最、愛的限量 BL 相關商品。

我‧我滿足了。
（雖然很餓）

Q：半夜忽然發生強震，你要先？

一，穿上衣服。

二，搶救硬碟。

咿…
好可怕…。

（用硬碟來充當衣服這招是行不通的）

Q：你不小心點開了一部總共 24 集的《搞基
英雄傳》，而過沒幾天就要段考了，你只好？

一，放棄英文。

二，放棄物理。

Q：世界末日過後的兩種情況，你選擇？

一，地球上只剩下你和另外一個極品男人。

二，地球上只剩下你和另外
兩個極品男人。

人家也想加入…（╳）

Q：有一天，你看到你的孩子們在看 BL，你要？
一，制止他們。
二，加入他們。

Q：有一天你的兩個超級好友剛好逆了彼此的配對，你要？
一，買爆米花準備看戲。
二，幫兩人準備醫藥箱。

Q：以下的ＢＬ故事非得仔細地看完一個，你選？
一，十分雷人的過程＋十分美好的結局。
二，十分美好的過程＋十分雷人的結局。

Q：你是現在當紅的男聲優，你覺得以下哪件事比較令人擔憂？
一，只接得到 BL 抓馬的 case。
二，某位男聲優只接有你戲份的 case。

Q：如果下輩子投胎沒辦法成為生物體，你要當？

一，飛鏢。

二，靶。

Q：你覺得以下哪種世界更恐怖？

一，沒有男人（素材）的世界。

二，沒有腐眾（同好）的世界。

Q：有一天你被困在一個寒冷至極的洞穴中，你覺
得最痛苦的是？

一，屁股正在結冰。

二，身邊能燒的東西只有 BL 同人誌。

Q：其中一個人必須死，你選擇？

一，渣攻。

二，賤受。

Q：因為深陷修羅場的關係，已經六天沒大便了，
你選擇？

一，放下所有人（不過就三個）對你的期待，先去
解放再說。

二，稿子尚未脫出，作家仍需努力。

最後稿子是如期脫出了，
但卻有東西卡在腸子裡脫不出……

Q：你要當一個？

一，全世界都知道你是個無肉不歡、禽獸不如的
BL 作家。

二，全世界只有你自己知道自己是個 BL 作家的 BL
作家。

公公我想寫小說，
可以拿你當題材嗎？

想都別想！

（別以為我不知道妳在寫什麼小說）

Q：**熱 CP、冷 CP，你選擇投入？**

一，一不小心就會被眾作家拋下的熱 CP 創作。

二，一不小心就會只剩自己在萌的冷 CP 創作。

Q：**下午的秋風尤其舒爽，一陣睡意襲來，你要？**

一，頂著濃厚的睡意繼續趕稿。

二，立馬睡死在地上。

　　「BL 不能當飯吃，沒有 BL 卻會死。」這句話就是我的心靈寫照。有人曾表示：「不要喜歡 BL 就不會有這些痛不欲生的兩難了不是嗎～」但對我來說，追求 BL 和放棄 BL，就如同生與死的選擇……當然是瞬選前者啊！

　　我想，普通人們應該不會喜愛腐女喜愛到沒事還要特別請幾尊在家裡供著，反過來說，也不會需要做到遇見腐女就趕緊撒鹽驅魔的地步，因為腐女就是無害的生物嘛。啊，大部分啦。危害活人的事情應該很少會發生，一些很極端的負面例子都是因為當事人分不清楚現實與幻想而造成的，但其實我們都知道現實生活中的 gay 和 BL 在本質上就有很大的不同。

以外表來說

　　BL 是專門製造美男子的地方，在這裡美男子是王道，縱使人物屬性有百百種（嬌媚、霸氣、唯我獨尊、一肚子壞水……）、臉蛋及頭髮外型有千千種（鵝蛋臉、丹鳳眼、豐厚雙唇、黑長直髮……）、身材和興趣有萬萬種（喜歡做麵包、身材像八塊麵包、愛鳥人士、下方有大鳥……），但只要當天「美男生產線」沒有故障，出來就全都是俊秀得不可方物的絕世美男子，一旦出現些微瑕疵就會被腐女雷射光整組消滅！而肌肉兄貴這款產品雖不是沒在生產，但賣相確實比較差。

　　而在現實世界裡，生物學一直提醒我們不要忽視遺傳基因的力量，達爾文的物競天擇理論中更沒有說過外型不佳會被環境淘汰，所以三次元的男性們一直以各種樣態在這個世界生活著，雖然也是帥，但是……有點悲傷。

不過隨著近幾年 BL 時代的演進以及人類基因的改良（？），相貌不佳的攻受以及活脫像從二次元世界裡走出來的三次元男子越來越多，我都有種「不同次元世界終於要融合了嗎？」的幻覺。

還有分攻受這檔事

攻受分錯有可能讓腐女爆炸，但把 gay 分攻受，你也是有可能踩到對方的雷。現實中的同性戀其實不喜歡被分攻受，他們覺得既然自己已經跨越了性別的障礙去愛，就不想被貼上「攻」「受」這種類似陽性陰性的標籤。雖然我們都知道攻受其實就只是相當於 1 號 0 號的概念，但男同志們是不會知道的，而且比起 BL 世界中有條有理的攻受單行道，現實世界的同志更喜歡雙向通行呢……不過我只是想說：「這位客人，我們其實還有『互攻』這項產品嘛～」BL 的世界也是不斷革命而多彩多姿呢！

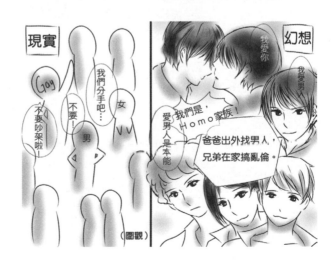

至於現實中是不是每個男的都是同性戀呢？

某些衛道人士表示同志越來越多對於社會是種威脅，很想把他們通通都殺死。但這位先生請你冷靜，現實世界中的同志再怎麼多，都不會比 BL 世界裡的同志多的，你要知道就算把全世界的同志都集合起來，其人數都不及 BL 的萬分之一啊！這個神祕的環境早就把異性戀全都殺死——放眼望去，街上站著、床上坐著、地上躺著的全都是同性戀。

事實上我們都知道——像白羽家 *25 或清潤寺家 *26 這種整個家族絕後的狀況真的很少見。

（故事）情節上的差異

耽美故事的劇情普遍美好（過了頭），也時常有樂透等級的超展開，但現實生活中有可能超展開的卻是發了狂的老爸拿著菜刀追殺十秒前才正在客廳出櫃的兒子。

描寫方式的差異

雖說早期的耽美小說普遍行文婉約、感情內斂而細水長流；而同志小說用詞豪放、較偏重性器的描寫，不過經過這幾年的演進和融合（根本是腐女獸性的解放吧），其實耽美和同志小說的分界已不這麼明顯。而也是有人不喜歡太過言情的耽美故事以及用詞（就是我），雖然還是喜愛歡樂題材，但比起「可以愛愛嗎」……我更喜歡「可以上你嗎」。

*25 櫻賀明老師《惡作劇系列》中的白羽一家，白羽兄弟皆為 homo。
*26 和泉桂老師《清潤寺系列》中的清潤寺一家，老爸和三兄弟皆為 homo。

BL	同志文學
他將炙熱緩緩推進對方的小穴，久未經人事的甬道被強行開拓，換來的是身下人一聲幾不可聞的悶哼，他小心翼翼地揉弄他小巧挺立的乳尖，只見對方臉色緋紅，甜美的汗液也漸漸泌了出來…	看到一扭一扭翹的不得了的屁股，他無法再多忍受一秒，二話不說就把對方的褲子扯下來，把超大老二掏出來，狠狠插進去後盡情擺動他的屁股，兩人都爽到彷彿下一秒就要升天…。
經過時代的變遷…	人性與獸性的融合…。
他將老二緩緩推進對方的裡面，太久沒做而有點乾澀的後面被強行進入，身下的人忍不住洩出了痛苦的聲音，他小心翼翼地搓弄他挺立的乳頭，只見對方臉色一陣潮紅，身上的汗讓他看起來更為性感…	他知道對方對他並沒有抱持任何感情，但即便如此，他的身心仍不斷渴望著他。與別人翻雲覆雨之時，他得盡他最大的努力才能讓自己不在到達頂點之時，喊出他的名字，他一生的最愛，與最痛…。

總之，BL 是耽美，現實很現實。

　　如同我曾提到過自己是因為腦袋失控才會變成腐女，所以大部分的時間我其實是在意淫別人的愉悅和爽快（完全沒有罪惡感）當中度過的，從小學同學到大學同學乃至於研究所的補習班老師，我一個都沒有放過！但我從來不會對誰說：「欸！你好受哦～後庭會癢嗎？給不給插？」這種話，因為這樣會造成對方的困擾啊（雖然也是有人樂在其中）！所以腐女們還是很懂得自重的，不自重的是她們的腦！她們不會隨意迫害他人，也不會殺人放火，頂多在腦海裡幻想另一個男人把你強姦到春暖花開、海枯石爛而已！

如果視 男男男 男人是一種罪的話…

我現在早就已經…
被就地正法幾百萬次了吧！

（沒有人在稱讚妳好嗎！）

　但其實說了那麼多嚴肅的話，我覺得即便不管自身是不是腐女這個問題，學會尊重別人都是一件很重要的事。

❀ 想死卻死不了的腐女子

1（彰化／謝小姐）

總是活力充沛的我，今晚也吹著窗外的微風、下面精神抖擻地畫著●爾●斯和○生，兩人的肢體交纏、表情放蕩，真槍實彈的場面讓我渾身舒爽。但也許是宵夜嗑了麻辣臭豆腐的關係，我的腸胃在下一秒就風雲變色。

筆直地衝往廁所、進行完一連串的爆破運動再度回到房間之後，我看到我爸爸站在我那因為趕著去廁所而來不及闔上的電腦前面。我大概快十年沒有看到他那麼驚恐的表情，我記得上一次是弟弟不小心大便在車上的時候。

2（台南／林小姐）

周末的下午和阿公一起待在客廳裡，一邊看書、一邊看著阿公打著他的太極拳，不知哪根筋不對的我忽然很想聽 BL 的 H，於是異常大膽地將 CD 和耳機塞入了電腦，並打開了鳥海浩輔 *27 被調教得最激烈的那一段。

就在我不解為何今天他的嬌喘聲如此有立體感之時，我把耳機拿了下來，發現極其淫蕩的聲音在安靜的房內迴盪著……原來我耳機沒有插到底，聲音就這麼大喇喇地放出來了……

*27 聲線相當具有辨識度的日本男性聲優，可以活潑搞笑、也能低沉有魅力，是個演技和臨場反應俱佳的賣萌男子。

阿公，我們一起聽吧…

皮正都巳經…了

3（嘉義／陳小姐）

今天是期末報告的日子，集合了三系的共同課程研討，眾多的同學和學長姊擠在同一個空間，打頭陣的我，隨著預定的時間更接近就越發地緊張。不過，在十分鐘後，我不緊張了。

因為跟我同組的大鳥不小心點到了報告影片旁邊的謎之影片，在偌大的會議室裡，我昨晚所剪接的、眾配對那車輪戰式的高 H 音頻（搭配著超養眼畫面），瞬間響徹雲霄。

我也該去陪大鳥了…

（死於她殺）

大鳥之墓

4（新竹／潘小姐）

痛苦的物理課程終於在剛才結束了，我用顫抖的手從書包中抽出今天早上特別抽空印製的小卡，上面是我最喜歡的作家在凌晨時發布的同人圖。

不過實在是剛才的物理太難了、此刻的我太興奮了、手太抖了，小卡沒拿好就這麼飛了出去，瞬間就去到了宋老師的腳旁，宋老師疑惑地把它撿了起來，然後我的心臟掉在教室的地板上。

5（新竹／宋小姐）

班上學生看起來都很痛苦的物理課程就在剛才結束了，今天也努力地克制自己不要一講到斜拋就想到不該想的地方。粉筆灰弄得手有點髒，我習慣性地在教室旁的洗手台沖了手，然後回到教室準備收拾教材，這時有張粉紅色的小卡幽幽地飄到了我的腳邊，我撿起來一看……

他奶爸的！這不是老娘昨晚剛畫好的腐圖嗎！！

6（高雄／高先生）

　我當機後的 PC 貌似永遠地卡住了，於是熱心的室友試圖以他高超的修電腦絕招替我排除這個狀況。

　在他的巧手撫弄了電腦一陣並讓它發出神奇的慘叫聲（？）之後，電腦重新啟動了不說，還很貼心地把我剛才為了新刊取材所瀏覽的 GV 網站通通甩了出來，就在我和我室友的面前。

7（桃園／李小姐）

　繳交原稿的日子又到了，熊貓和睡神同時上身的我，小心翼翼地捧著裝滿原稿的紙袋在路上小跑步著，然後大方地摔倒在人來人往的街道上。

　原稿散落一地，旁邊的路人也是。

8（台中／曹先生）

「啊，用完了。」看著空瓶子我嘆了一口氣，不管怎麼說最近的用量都太多了吧，真該節制了……不管怎麼說，先跟媽媽借一下吧……

「媽，妳那裡有潤滑液嗎？」問出口的瞬間我就後悔了，因為媽媽恍惚地表示她沒有潤滑液但是有凡士林，看得出媽媽想保持鎮定。但是媽媽，其實我只是想借潤髮乳……該怎麼說呢……也許是最近H文裡的潤滑液一詞用得太多了吧……

9（花蓮／廖小姐）

好久沒開國中同學會了，十五年的時間早就讓大家從青澀的少年成長為沉穩的男人，好想念大家啊……這股懷念所帶來的暖意讓人覺得好感動……直到許久不見的阿康熱切地對我說：

「這兩年我都有在追妳寫的小說喔～」
「蛤？什麼小說？」
「就《情慾只在你我之間》系列啊！」

聽完這句，我默默地把頭轉過去，流下羞恥的眼淚……

十五年的歲月……早就讓此人從青澀的少女突變成情色的少將。

我要回家…

10（台北／郭小姐）

　　雖然仍在趕稿期間卻無法拒絕好友的熱情邀請，火燒屁股的我只好帶著充滿黃色文字的手稿和筆電前去赴約，肖想在聚會之餘還可以抽空打幾篇稿。結果才出門沒多久便發現大姨媽來也，果不其然在短短的時間內所有症狀齊發，人痛苦地蜷縮在公車上，肚子又是令人痛得想死。

　　不過當我一想到還有這些稿件在身上，我的求生意志它不知道為什麼，忽然格外強烈。

　　「我絕對不能死。」

✿腐女的念力可以成就什麼

　　從小到大，我都是一個極度事與願違的人，想要的東西和結果通常不會幸運地被我撿到，八字是沒有到衰小人的程度，但沒有任何運氣可言的自己，在過生活時總覺得有那麼一些乏味和可惜。總之，能達成的事沒有任何一項是靠運氣……但也不是靠實力。（欸，那到底是靠什麼？）

　　我平時做人並沒多消極，大概就跟鹿丸 *28 差不多！但無法忍受我如此之不正面的老媽就常跟我談著祕密法則這東西，說什麼只要打從心底去相信一件事情會發生，就會有力量、就會出現神蹟云云。嘛，我也不是個嘴硬、鐵齒的人類，既然有法子那就試一下啊～我可以確定再怎樣堅定的信念也不會讓我像摩西一樣光靠手杖就可以把河劈成兩半，但倒是可以在合理的範圍內實驗看看——憑藉著這股未知的力量，會把我的未來送往多遠的地方……

別跟我說什麼神奇力量，
老子只想把手杖插進受君的屁股裡！

*28 鹿丸：《火影忍者》中的重要角色，擁有和超高智商形成強烈對比的超消極人生觀。

　但事實上是每次在聽完我老媽的叮嚀之後，我就把這法則忘得一乾二淨、繼續當著我的鹿丸。如果不是我的髮型設計師他犧牲了自己的幸福，我大概不會相信什麼鬼信念會給我 power。

　話說我的設計師，就跟大家的設計師一樣是個潮到出水的男人。不苟言笑的嚴肅神情和亂得恰到好處的短髮為他稍嫌年輕的外表增添了幾分成熟，不怎麼刻意卻可以凸顯其品味的穿著其實非常吸睛，骨感但略帶肌肉的細腰和一雙長腿十分禁忌。

　結合以上特質，他真的可以去拍謎片了（被打死），但是我卻從來沒有把他列入我的虛擬性迫害名單之內。原因就是我對三次元的對象非常挑剔，倒不是他沒有達到我的標準，而是我癖好很特殊，除非口味完完全全正中，否則我不會隨便亂妄想現實生活中的人類，所以會發生以下事件完全是我的髮型師他自找的。

　有次因為燙頭髮的時間實在他娘的太久，就跟他天南地北天干地支的亂亂聊，結果一不小心就扯到了同性戀這話題，當下我察覺到他臉上閃過一絲又一絲的不悅，直覺這人一定心裡有什麼。幾經追問，他跟我表明了「他雖然不會歧視同性戀但本身非常不喜歡同性戀」的這件事。我忍著不讓自己爆出「你怎麼可能討厭同性戀你自己不就是同性戀嗎嗎嗎嗎」這種說出口就一定會立馬被殺死的內心話，誘導他講出事實的真相。

原來在求學時期，他曾被班上的同學強行示愛，才導致了他今天這種類似恐同的症狀。當然，那位班上的同學是個男生，不然我的設計師他也不會憤慨到一邊用手揮舞著剪刀，一邊用凶狠的表情再三強調「再有男人敢跟他告白他就要打爆對方」。

　不過在別的男人被他打爆之前，我有強烈的預感自己會先被他打爆，因為在這個驚心動魄的故事被他以還原度超高的演技播放完畢以後，我再也無法讓自己的心臟維持著平常的跳動頻率了。是的，聽完那腐味頗重的告白情節，我整個人像江南 style 那般來勁，那 dokidoki 的感覺搭配上他睜得圓滾滾的大眼，反差萌到我立刻運用了等待頭髮被吹乾的那幾分鐘，把當時的分鏡又在腦袋中運行了一遍，一遍又一遍，一遍一遍又一遍。

　而就在那之後沒幾天，他向大家公布了他要結婚的喜訊，想當然爾我就是左邊祝福他右邊意淫他啊！當晚就嚕出了一段他因為在結婚當天被新娘子甩掉，然後意外邂逅當時的那位男同學，發生了一連串糟糕事最後由恨生愛的浪漫耽美劇。

　我那陣子每天都無法克制地把這段幻想在腦袋中運行了一遍，一遍又一遍，一遍一遍又一遍（是要玩到什麼時候啦）。之所以這麼強調如此病態的重播率，就是為了告訴大家——秘密法則是有用的。

　我的設計師他，真的被甩了！！！！

　在愛情長跑了十幾年、準備要修成正果的前夕，這對情侶他們分手了。在驚訝之餘，我這段時間嚕的耽美劇以超高速跑馬燈在我腦海中飛快地閃過，我內心的罪惡感以洪水之姿氾濫著。
　「為什麼會這樣！（孟克式吶喊）」

「我不是故意的啊！不是只在腦中幻想的嗎？」

「到底為什麼成真了！念力太可怕了啦！Noooooooo！我對不起你啊啊啊啊啊！！（浩克式吶喊）」就這樣，每次見到他我都滿懷著 99% 的愧疚以及 101% 的期待後續發展（~~數學老師從來沒有復活過~~）。不過我猜想：除了他自己之外，我大概是在他們分手後，感到最衝擊、最害怕，也最失落的人吧……

後來看他在網路上發布的生活照，發現他家的動物越來越多種，也越來越多隻，但就是沒有半個女朋友。

都快要變成動物園了。

雖然我總是很快樂地沉浸在過度妄想的喜悅中，但我還是希望三次元的大家能幸福的。到現在仍不敢跟我的設計師說我覺得他和他同班同學實在很萌還有後續的這些發展，我真的真的很怕他會在我頭髮裡動手腳。

✿當學生有成爲腐女的潛力

只能説造化弄人。

就像出門在外時總是會沒來由地忽然想烙賽，衛生紙總是會在想烙賽的前一刻剛好用完，新買的手機總是會在烙賽完的那一瞬間跳馬桶自殺。

世事總是出乎常人意料、事與自己願違的結果就是——最不該被放在教育界的人（就是我），現在正坐在教室內批改著學生的作業，幫他們上課，掌握著你們的孩子——國家的未來。這就有如在寶貴河川的發源地種植了極為容易腐敗的植物，這樣一來，小河就算不被汙染，大概也會有點發臭；就算不是每條小河都發臭，會有一兩條小河壯烈犧牲的結果也是跑不掉⋯⋯

嘛，上述是開玩笑，身為一個有良知有師德的人，自然是不會這麼做的，如果被發現了身為老師的我竟然荼毒學生的思想，鐵定會被告啊（這才是重點吧）！雖然我平時跟學生也喜歡開開小玩笑，卻嚴禁學生（＆自己）拿男男來當笑話講，其原因有二：除了擔心這樣的行為會讓小孩子無意間養成輕視同性戀的潛意識和言語霸凌的行為以外，~~最主要的還是怕自己會當眾開起小花。~~

總之，我在現實生活當中是非常低調，也很安全的，但就是不知道為什麼——「我不殺伯仁，伯仁卻因我而死。」「我不製造危險，危險卻自己生成。」「我不污染小河，小河卻自己發生異變！」

「我不腐化學生，學生卻自己變成腐女啦！！！」

我得先聲明，這絕對不關我的事的啊！

話說幫學生檢查功課並給予課業上的建議是我工作的一環，國語的閱讀心得報告幾乎每個禮拜都有，而事情就是這樣發生的。我有個才剛一腳踏入青春期的女學生，正值古靈精怪的小學五年級，不知從啥時開始，閱讀心得總選那種腐味很重的故事來讀。原本不愛寫這項功課的她心得越寫越多，字跡也越來越工整漂亮，在在都顯示心得報告的主人讀這本書時心情很好，好到異常。一開始還想說是不是因為自己眼睛和別人不一樣而容易想太多就沒想太多（這句好複雜），但一次兩次之後我有點按捺不住，終於忍不住把她叫過來問。

「為什麼老是選擇，呃……這種題材比較特殊的故事呢？」

她很燦爛地回答我：「因為這樣的故事發展很有趣啊……」

是啊！有趣死了，男主角因為某些緣故不得不男扮女裝嫁到鄰國，期間不僅要努力讓自己不要露餡，還被高富帥又年輕瀟灑的準夫婿瘋狂調戲；差一點就被強上了不說，最後竟然是該死的開放式結局，這種情節和結尾根本就是……

「之後鄰國大地主和男主角一定會在一起。」

嘎！學生竟然搶了我心中的 OS，還透過一張未滿 12 歲的嘴巴把它講出來了！！而且她臉上浮出了我平常看 BL 看到一半會在鏡子裡面看見的表情，只是那表情在她那個年紀的臉上叫做天真無邪兼有些羞赧，在我這個年紀的臉上卻是叫做淫蕩到無與倫比啊！我臉色一陣紅一陣白，心想這能從童話故事中找姦情的是何等有天分！鐵定是原發性的了，死了死了。

學生見我緊緊皺著眉頭，深到都快要可以夾死當時教室內所有的生物，還試圖以「老師妳不覺得兩個男的在一起還比男女主角在一起好嗎？」或是「老師，這很有趣耶～妳不是說這世上沒有會令妳眼睛一亮的事嗎？」說服我接受男男之間的曖昧情愫。是的，先不論我為什麼會跟學生討論眼睛亮不亮的事，重點是我的學生她想要腐化我。

「嘛，就這樣吧……下次寫點偉人傳記或牛頓科學雜誌什麼的……比較安全……」後面四個字講得很小聲的我，已經不知道該如何是好了。我感覺我人正直的那一面和邪惡的那一面正在相撲，桌子底下的右手正在使勁地拍打著左手都快把它打爛，因為左手它…………很想把放在包包裡的 BL 小說拿出來分享。

糾結無比又驚恐的當下，我頓時了解到──這世

界並不會因為我是腐女而就會讓這世界多了一名腐
女或少了一名腐女,該是腐女的,她就會成為腐女;
還沒成為腐女的,她不一定不是腐女;妳不知道她
是不是腐女的,她很有可能是腐女!

對，怪叔叔就是我。

✿走失的原因

「世上有多少阿腐曾經因為 BL 而在公開場合發
生意外？」

　我本身是沒有做過這項問題的統計啦，因為光是
自己發生過的次數就真是多到我差點回顧不完，這
其中大概只有幾次是走失，其他則多半是為了要看
前方的帥哥而在電扶梯上踩空，差點沒把身旁我妹
的上衣連同布拉甲一起扯下來……

　嗯……講得自己好像是花癡一樣，但說實話如果
只是個帥哥我何必看呢，比起一枝獨秀，身為腐
女的我更重視團體合作啊！雖然台灣的帥哥很多

（咦），不過兩個帥哥並肩而行的機率卻非常低，
更別說是互動充滿腐味的兩名俊美男子了，人生何
其苦短，當然要把握當下及時行樂啊！

　　但人生之所以會短真的不是沒有道理，阿腐們有
多容易在外頭中招這大家應該都心有戚戚焉，畢竟
滿布男性的城市有時會比充斥著毒蛇猛獸的雨林要
來得更危險，這些全都是因為當一個人被奪去全部
心智時，往往就已經等於宣告自己失去戰鬥能力。
就像開車時你只要超過三秒沒注意前方就很容易會
撞車一樣，至於為什麼開車時會無法克制地看別的
地方我想大家也都知道吧，這也是我自幾百年前考
到駕照以來就一直很少上路的原因。

　　如果街道上隨便來對同志情侶倒也還好，頂多就
瞥一眼然後祝福他們，但如果今天旁邊跟著的是輛
可愛小發財和黃色超跑，我看我真的就準備上路了
（哇嗚！玩世不恭貴公子＆善良粗魯小流氓！你們
是在競速個屁，爭奪攻君的位置嗎？但我必須很殘
念地宣布：你們所做的努力都是白費的，攻受的位
置早就在你們出廠的那一刻就決定了好不好！）。
在這種腦內暴走至時速 220 公里的狀況下，連新
手都會比我安全很多的，不管是開車新手還是腐女
新手都是。

　　行車時實在是無法叫別的車子不要一起上路，但
撇開這種情形，一般場合還不都要怪這些男人路
不好好走、手在那邊一直抓來抓去摳摳又摸摸，才
會多次令奴家身陷各種意義上的險境。走失這等小
事倒也還好，畢竟都長這麼大了，頂多事後挨一頓
罵，但要是跟蹤目標就這樣出國了，自己或許會因
為失去心神、就這樣跟著坐上了飛機也說不定。千
萬不要太小看腐女，在面對萌到不行的人事物時，
她們的反應能力非常低。

尤其現在外頭的世界陷阱重重，連嬰兒都不給人活。

某晚全家人去百貨公司吃飯，就著平時的路線搭電梯要上樓，在一開始的 B2 樓層先是有名男嬰進來了（當然是被抱進來的）。這時除了他死死盯著叔叔我沒有眉毛的眉毛一直看一直看，看到我含羞草都快要合起來並垂下來了以外，我倒也覺得沒有什麼不自在的地方，直到 1 樓進來了另一名男嬰。

　　雙方人馬很明顯是沒有任何血緣關係的，我花了兩秒鐘仔細端詳兩家家長的容貌和體型後，做出了以上判斷。但巧合的是，兩名男嬰簡直就像是同卵雙胞胎那般相像，我在電梯內嘴巴張得老大，轉頭一看，我媽的嘴張得比我更大，彷彿都可以聽見她心中的嘀咕：「這是同卵中的同卵啊」。先不提並沒有同卵中的同卵這種事，只不過連我老媽這種見過世面的婦女都如此驚訝，我也撇開「全天下的嬰兒其實都長得一樣」的這種刻板印象、合理懷疑這是一對被拆散的雙胞胎或是祕密實驗的複製人之類的，八成十幾年後會展開一場尋兄覓弟、你儂我儂的基情冒險之旅吧！

　　不過就在我 BL 角色設定都還沒有結束的當下，這兩嬰不知是為了要立即應證我的想法，還是知道這裡是現實世界中的電梯、演出時間很快就會結束，立馬以迅雷不及掩耳的速度給我超展開了場情深深雨濛濛啊！！！他們以迷離的雙眼深情對視，而且還無視於身下的爸媽，彼此扭動著身軀不斷靠近，氣氛之淫靡。此時的電梯明明十分擁擠卻一陣寂靜，這空間內就只剩兩個人的喘氣聲，濃烈的情感透過彼此的眼神放蕩地交流，彷彿下一秒就會一發不可收拾……

　　但實際上是下一秒電梯門就打開了，雙方抱著各自的男嬰往不同的方向衝了出去，大概是很餓吧跑得極快。然後再過五秒，還沉醉在嬰兒耽美的我，被電梯門夾到。

啊⋯⋯誰來救救我啊⋯⋯

此時旁邊還有另一名女嬰，我彷彿可以看到三人的未來：兩個搞基＋一名腐女（所以說兩個人的喘氣聲就是從大腐女（我）和小腐女（女嬰）來的啊哈哈哈哈哈）。那名女嬰，如果妳幾年後有看到這段訊息的話，請來與我相認喔（最好是會有記憶！）

✽同人代有CP出，各領風騷一陣子？

認識我的人常會有這種想法：這傢伙刷 CP 的變化速度會不會太快了！所有同人 CP 在她面前好似書生被姥姥堵到，姥姥盡情地吸乾其中一個之後，就將之丟棄一旁，接著死命地吸下一個，而且還要挑最年輕的。

我想我會被懷疑對 CP 不夠忠誠的原因，主要還是來自我沒有節操這件事。但有沒有節操跟對 CP 是不是真愛，並沒有絕對關係啊～（掩面）

自從第一次萌上了同人 CP 後，發現 BL 帶給我的感覺跟其他現實生活中的東西根本不一樣，像我對一部電影或是男歌手的喜愛，可能會因為自己的喜好有所轉變而跟著對該人事物失去興趣；但 BL 的話，萌上了就是萌上了，當初的理由來得又急又快又莫名其妙，會愛上也只是被其中的氛圍影響，走進了他們的故事裡（雖然是自己幻想出來的）。就像「喜歡」這種感情，有理由卻又沒理由，你可以分析出一百個各 CP 的萌點和雷點，卻說不出自己為什麼就是比較喜歡其中一個 CP。所以說，CP 這種東西其實滿難割捨得掉，又怎麼會有見異思遷或者是跟風之說呢，遇到新事物當下會一股腦兒地投入，完全正常！

對我而言，就好像自己不同的孩子，他們透過超神祕的產道來到你的身邊，總有個先來後到，而你就只有一份心思，一份時間，這些限制自然就成就了 CP 世代交替的假象。

在各個 BL 相關討論板上的同人配對投票，不管是二次元還是三次元，看看大家對老 CP 的忠誠度還是如此之高，即便沉浸在喜獲麟兒的狂喜中，依然能夠理性地分析自己到底比較愛哪個小孩（不不不不這一整個事件完全沒辦法跟理性扯上關係好嗎）就可以知道。老 CP 歷久不衰，大家愛死老 CP，能站在高台上超過 10 年以上甚至更久的老 CP 就是腐女不會因潮流而改變自我的鐵證，就算 N 年之後攻受雙方都垂垂老矣了，大家還是不會放過他們，甚至都入土為安了，還是一樣，到死都不放過他們！！對於新 CP 的狂熱和對於老 CP 的執著都如此強烈，腐眾果然是很厲害的生物啊～

　　之前有人似乎對於「XX 一生推」感到疑惑：「動
不動就一生推，你到底有多少個一生？」

　　我必須說，雖然我從來沒有用過「XX 一生推」
這個詞，但那也只是因為我個人對於情感的界定標
準很高，個人並不認為用這詞有什麼不對（但如果
是一生都要推倒之，那又另當別論（喘氣））。一
生推當然可以用啊，你可以在對方質疑你的時候，
誠懇且安定地向他表示：

　　「我的一生，只有一個。但是要推的 CP 卻裝了
一卡車！」一卡車！一、卡、車、啊大哥們！（你
們真的是ㄇㄐ重的……

　　唉唷！我這一生會過得既辛苦又幸福，這些同人
CP 是我甜蜜的負荷啊～看著各 CP 相戀的痕跡在我
心中 & 腦海裡變得鮮明、深刻；萌上該對 CP 的人
口樹（這詞不是這麼用的～）因為各位太太們的合
力施肥和澆水而日漸茁壯，我就覺得好感動。因為
每對 CP 都是一路走來疊疊撞撞，經過了多少次近
乎擦槍走火卻又沒有發生任何事，無形的基情在空
氣中流竄但實際上只是我們的視網膜異於常人，心
繫對方的程度之變態你卻跟我說那只是因為兄弟之
情，都是多麼的不容易。

　　就是因為這麼的不容易，所以我更珍惜也更加瘋
狂啊。

✿ 一封來自腐女的遺囑

親愛的爸爸、媽媽、妹妹,以及銀時、百合子、太一、阿席達卡、艾連、卡卡西、猿比古、貴志、花礫……(以下還有十萬字省略),其實我一直都心有罣礙,深怕自己哪天會因為背負太多驚世駭俗的罪孽而蒙主恩召。我想你們大概無法了解此刻的我有多想就這樣找個人嫁了,然後生對男雙胞胎。

很想體會第二與第一家庭相融的美好時光。會有這樣子迫切的願望全是因為自己還沒能來得及享受一般女孩子的人生,就已經以超越光的速度飛往一個未知而又驚喜、美妙卻又令人擔憂的國度,不知世上有多少人也跟我一樣?又有多少父母被擋在結界之外,想要更親近他們的孩子卻不得其門而入?容易產生隔閡並不在於親子之間的年紀差距,而是不管孩子表現得多麼遵從社會主流,傳統價值觀念下的父母永遠無法了解孩子之所以會想要生雙胞胎,純粹只是懷抱著讓弟弟當攻、哥哥當受的夢想。

而攻是什麼?受又是什麼?曾經妹妹只是偶然經過我的房間就被我一把踹了進去並以純肉本洗禮,於是她就這樣深入了攻受的祕密花園,否則在這之前她只覺得自己的姊姊是個品學兼優、個性良好、衛生習慣無可挑剔、吵架打嘴砲和打掃技術都一流的新時代女性。雖然現在多了一項變態的特質,但我卻可感受到除了鄙夷之外妹妹對我的另類崇拜。

也多虧了這股崇拜所帶來的成就感，我才能發現
這樣的興趣原來也是一種優點。當班上的同學都在
社會課本上面塗鴉時，我讓元稹和白居易偷偷地幽
會，他們調情，而我也穩坐了第一名；自己更能夠
冷靜地應對每一個令我憤怒的人，因為透過邪王腐
眼，他們的小菊花全都已經盛開成了向日葵。一直
以來，妹妹雖一邊譴責我不倫不類卻又總是殷勤等
待著我文章的更新和書櫃的翻新，如此盲目的支持
，讓我徒增了不必要的信心，所以妹妹，謝謝妳。

　　而在爸爸教導我：是人就該勇於面對並追求心之
所向，因為我們沒有足夠的精神可以完成每一件事
以後，我把所有的時間都放在了耽美上。倒不是說
我淹死在腐海而都沒做正事，而是我將腐徹底融入
自身生活，利用耽美誘導自己、安撫自己、催眠自
己，好讓麻煩的人生更順利。不過，這樣一頭栽進
去的結果就是：買本不眨眼，花錢如流水。荷包重
創之下，必有不孝女，這就是我為啥每年都拿猛男
造型的手工卡片來充當爸爸生日禮物的原因。而在
去年，老爸看到卡片上終於不是猛男還以為不必再
享用三百壯士，誰知最近女兒的口味重到連馬都承
受不住──裙底下有進擊的巨根那稱作偽娘。老爸
，我真的對不起你，但我停不下來啊⋯⋯

　　再來，親愛的媽媽，我知道妳一直都很擔心我，
因為媽媽妳總在炎炎夏日我穿得很少的時候問我「

為什麼我把妳生得奶是奶、腿是腿，到現在還是連一個男朋友也沒有？」但其實媽媽，這個問題我也花了無數個寂寞孤單冷的夜晚去思考，始終得不到一個令自己和大家滿意的答案。只能說自從柳宿去世後，我一直在等待，想著他有一天能從另一個世界回來我身邊……能再一次看見他的笑臉。

媽媽，我猜想妳或許會疑惑柳宿是誰？是我的某一任男友嗎？女兒趁自己不注意玩起你是風兒我是沙的遊戲嗎？我必須說，我是真的很想玩，但是有一件事卻必須去克服：就是我得先讓他 3D 化才行。天知道世界上最遙遠的距離不是生與死，也不是天堂與地獄，而是我在三次元，男友卻在二次元。

如果有天，我不幸撒手、離開了人世，我想我最耽心的、最放不下的應該就是我溫暖的家人和如此美麗的這個世界。我愛你，爸爸；我愛妳，媽媽；我愛妳，我最親愛的妹妹。即便在你們知道我也很愛這個有點歪曲但又是如此讓人眷戀的腐文化時，你們應該還是會深愛著這樣子的我，對吧：）

後記

出芽

就在去年七月，我因為苦於批踢踢上野島健兒 **29** 推廣文的小劇場塗鴉不知道要往哪裡放，於是覓了個網站就開始生根。本來只是想發個牢騷感嘆自己在腐路上的奇幻旅程有多麼不人道、多麼令人匪夷所思，沒想到竟能有這麼多志同道合的腐友能理解我（根本有病這回事），我真的好幾次在電腦前面看著大家的留言和對腐物的討論，我整隻人就濕濕的（？）。

生長

這樣馬不停蹄地發病發病再發病，然後看著大家也一起發病真的非常快樂，因為我除了喜歡看帥氣男人間的肉體碰撞，也很喜歡看思想極其有趣的女孩男孩們彼此精神激盪。一直到了今年一月啟動的編輯詢問我出書意願，說實話，那時候的我沒有太大的驚喜、完全沒有意願，只有晴天霹靂和一種幹壞事被警察發現的感覺。花了好久的時間思考著該怎麼婉拒才不會失禮，但就在色慾薰心如我看清楚編輯的花容月貌之後，就立馬決定上了（咦）……嘛，當然部分是開玩笑的啦，其實當初推動我簽下賣肝契最主要的動力是源於「如果書能夠被放在書店然後被不知道自

己是腐女的腐女們看到、把它帶回家後能從中得到知識和
心靈慰藉那就好了」的想法。

嗯，當自己佛陀膩？

修剪

之後歷經了三個多月的寫稿時期（雖然其中有一半時間都
是處於罷工狀態），時間過得很快，每天新番食不夠、漫
畫嗑個不停還妄想打開買了很久都沒來得及享用的小說
（啊，編輯抱歉）。沒有焚膏繼晷、沒有燃燒生命、網站
將近三週沒有更新，只有練習骨架練到都快可以堆成一座
墓園但我的筆下人物還是像被卡車輾到那樣悲劇，但我真
的是每天都很努力很努力很努力地……在畫著淫穢的圖，
以及腦中不停地運轉著不能入一般人眼睛的文字。

開花

在這裡真的要感謝出版社願意給我這個機會出這種不太
正經的書，也謝謝我那有如木佐翔太 *30 的美麗編輯能包
容我時常很跳痛的思考方式；謝謝願意用感人的推薦序包

*29 已為人父但依
舊萌點滿滿的日本
聲優，不管是冷酷
菁英還是溫柔男子
皆能完美演繹，尤
其是哭戲功力更是
一流。
*30 中村春菊《世
界一初戀》裡的其
中一個主角，是個
披著高中生外皮的
逆齡大叔。

裹住我真身的奇女子小鳥茵；也謝謝我的摯友們願意毀滅
自己前途以提供我故事的素材，以及願意逼迫自己去了解
BL 文化和腐眾的編輯團隊們。

當有一天我聽說這群人在會議室裡對著我這本書的企劃
「完全不能理解、所有男性都在狀況外」時，我當下真的
笑到腹筋都要炸裂！天天幻想著會議室裡一群男性一起
流著大汗喘著粗氣地研究●●（不要馬賽克啊）、搖頭晃
腦的可愛模樣。（……咳嗯……失禮了。）

但這些也更讓我確信了：這本書有它發行之必要。

結果 /

其實一直以來我都不知道原來世上腐女這麼多，除了安心
還有很多的感動。當然我也是一直都不知道自己下面的將
軍原來也可以長成這麼大的啦！邊培養將軍邊娛樂大家
的同時，如果我嘔心瀝血的這本書也能讓你的矜持無存、
節操盡失，那麼就真是太好了。（光芒）

最後，真的非常謝謝你願意購買這本十八禁且厚到逆天的
詭異書籍，生平第一次出書竟然就是創作未成年不宜閱
讀的內容……但閱讀完此書之後你就成年啦！攻喜！（什
麼啦）

低調腐女的高調告解

作　　　者　摸摸
裝幀設計　Molly
行銷企劃　張瓊瑜、王綬晨、邱紹溢、陳詩婷、黃文慧、郭其彬
主　　　編　王辰元
企劃主編　賀郁文
總 編 輯　趙啟麟
發 行 人　蘇拾平
出　　　版　啟動文化
　　　　　台北市105松山區復興北路333號11樓之4
　　　　　電話：（02）2718-2001　傳真：（02）2718-1258

發　　　行　大雁文化事業股份有限公司
　　　　　台北市105松山區復興北路333號11樓之4
　　　　　24小時傳真服務 （02）2718-1258
　　　　　讀者服務信箱 Email:andbooks@andbooks.com.tw
　　　　　劃撥帳號：19983379
　　　　　戶名：大雁文化事業股份有限公司

香港發行　大雁（香港）出版基地・里人文化
　　　　　地址：香港荃灣橫龍街78號正好工業大廈22樓A室
　　　　　電話：852-24192288　傳真：852-24191887
　　　　　Email:anyone@biznetvigator.com

初版一刷　2013年06月
初版八刷　2017年07月
定　　　價　320元
I S B N　978-986-89311-3-8

歡迎光臨大雁出版基地官網www.andbooks.com.tw
訂閱電子報並填寫回函卡

國家圖書館出版品預行編目(CIP)資料

低調腐女的高調告解 / 摸摸著 . -- 初版.
 -- 臺北市：啟動文化出版：大雁文化
發行，2013.06
　　面；公分
ISBN 978-986-89311-3-8(平裝)
1.女性　2.兩性關係

544.5　　　　　　　　　　102006245